I0816375

CÓMO CAER BIEN A LOS DEMÁS EN MENOS DE 90 SEGUNDOS

Nicholas Boothman

CÓMO CAER BIEN A LOS DEMÁS EN MENOS DE 90 SEGUNDOS

Aprende a leer el lenguaje corporal

DIANA

Obra editada en colaboración con Editorial Planeta – España

Título original: *How to Make People Like You in 90 Seconds or Less*

Bajo el sello editorial DIANA M.R.
Avenida Presidente Masarik núm. 111,
Piso 2, Polanco V Sección, Miguel Hidalgo
C.P. 11560, Ciudad de México
www.planetadelibros.com.mx

Primera edición impresa en España en esta presentación: septiembre de 2023
ISBN: 978-84-08-27565-7

Primera edición en formato epub: julio de 2024
ISBN: 978-607-39-1618-9

Primera edición impresa en México: julio de 2024
ISBN: 978-607-39-1512-0

Impreso en los talleres de Litográfica Ingramex, S.A. de C.V.
Centeno núm. 162-1, colonia Granjas Esmeralda, Ciudad de México
Impreso en México – *Printed in Mexico*

Para Wendy, por supuesto.

Índice

Segunda parte:
El terreno de entendimiento de 90 segundos

Tercera parte:
Los secretos de la comunicación

Prefacio

El «secreto» del éxito no es muy difícil de entender. Cuanto mejor te relaciones con la gente, mejor será tu calidad de vida.

Descubrí por primera vez los secretos de llevarse bien con la gente durante mi carrera como fotógrafo publicitario y de moda. Tanto si trabajaba con una sola modelo para una página de *Vogue* como si lo hacía con 400 personas a bordo de un barco para promocionar una compañía de cruceros noruega, resultaba obvio que para mí la fotografía consistía más en conectar con la gente que en disparar la cámara. Es más, no importaba si la instantánea la tomaba en el vestíbulo del hotel Ritz de San Francisco o en una barraca destartalada en la ladera de una montaña en África: los principios a la hora de establecer relaciones eran universales.

Según lo que puedo recordar, siempre me ha resultado fácil llevarme bien con la gente. ¿Acaso es un don? ¿Existe esa cosa que podríamos llamar un talento natural para llevarse bien con la gente, o se trata de algo que vamos aprendiendo poco a poco? Y si puede aprenderse, ¿puede enseñarse? Decidí averiguarlo.

Durante los 25 años de mi carrera como fotógrafo para revistas en todo el mundo, aprendí que la actitud y el lenguaje corporal eran estupendos para crear una impresión visual llena de fuerza; los anuncios de las revistas disponen de menos de dos segundos para captar la atención del lector. También era consciente de que existía una manera de usar el lenguaje corporal y la voz que permitía que personas a las que no conocía se sintieran cómodas y cooperaran. Por último también me di cuenta de que un puñado de palabras bien elegidas podía evocar una expresión, un estado de ánimo, una acción, en casi cualquier persona. Con estas certezas en la mochila, decidí sumergirme un poco más en el asunto.

¿Por qué es más fácil colaborar con ciertas personas que con otras? ¿Por qué puedo mantener una interesante conversación con una persona a la que acabo de conocer, mientras que otra gente puede considerar a esta misma persona cargante o incluso amenazadora? Obviamente, debe suceder algo en un nivel situado por debajo de nuestra consciencia superficial, pero ¿qué es?

Me encontraba en este punto de mi indagación cuando me topé con la primera de las obras de los doctores Richard Bandler y John Grinder para la UCLA, acerca de un tema de nombre poco manejable, la Programación Neurolingüística. Muchas de las cosas que había estado haciendo de forma intuitiva en mi trabajo como fotógrafo, estos dos expertos y sus colegas las habían documentado y analizado como «el arte y la ciencia del desarrollo personal». Entre un manantial de nuevas sugerencias, revelaban que cada persona tiene un «sentido favorito». Si se encontraba este sentido, se podía disponer de la llave para desbloquear el corazón y la mente de dicha persona.

A medida que se iba clarificando mi nuevo camino, aparqué por un tiempo las cámaras y decidí enfocar no sólo el aspecto exterior de la gente, sino el modo en que funcionaba en su interior. Durante los años siguientes, estudié con el doctor Bandler en Londres y en Nueva York, y obtuve un diploma de Experto en Programación Neurolingüística. Estudié Patrones de Lenguaje en Estados Unidos, Canadá y Gran Bretaña, y exploré cada detalle relacionado con la parte del cerebro vinculada a la capacidad de los humanos para relacionarse. Trabajé con actores, con cómicos y con profesores de arte dramático en Estados Unidos y con narradores de cuentos orales en África, a fin de adaptar dichas informaciones improvisadas y convertirlas en ejercicios que permitieran enriquecer las capacidades conversacionales.

Desde entonces he recorrido el mundo participando en seminarios y charlas, trabajando con todo tipo de grupos e individuos, desde equipos de ventas a profesores, desde líderes de organizaciones que pensaban que lo sabían todo hasta niños tan tímidos que la gente consideraba que sufrían de dificultades de comprensión. Y de ello resultó clara una cosa: caer bien a la gente en 90 segundos o menos es una habilidad que se puede enseñar a cualquier persona de una manera fácil y natural.

En todas partes me decían: «Nick, es asombroso. ¿Por qué no lo escribes?» En fin, los escuché y lo hice. Y aquí está el resultado.

Primera parte
El primer contacto

1

El poder de las personas

Relacionarse con la gente ofrece infinitas recompensas. Y ya se trate de comenzar en un nuevo empleo, obtener un ascenso, conseguir una venta, hechizar a un nuevo partenaire, electrificar a la audiencia o superar el examen de los futuros suegros, si le caes bien a la gente, poseerás una llave que te abrirá todas las puertas. Las personas son tu recurso principal. Ellas te crean, te alimentan, te visten, te proporcionan dinero, te hacen reír y llorar; te consuelan, te curan, invierten tu capital, reparan tu coche y te entierran. No podemos vivir sin la gente. Tampoco podemos morir sin ella.

Nuestros antepasados ya se relacionaban hace miles de años cuando se congregaban en torno a la hoguera para comer gruesos filetes de mamut, o cuando cosían juntos las prendas de pellejo de animal de la última moda. Es lo mismo que hacemos cuando organizamos reuniones para discutir cualquier tema, o torneos de golf, conferencias y ventas de mercadillo; la comunicación subyace a nuestros ritos culturales, de los más serios a los más frívolos, desde bodas y funerales hasta convenciones sobre la muñeca Barbie y concursos de comedores de espaguetis.

Hasta el más antisocial de los artistas y poetas que se pasa largos y laboriosos meses pintando en un estudio o componiendo en un cubículo junto a su dormitorio suele tener la esperanza de poder llegar a conectar con el público a través de sus creaciones. Y es que la comunicación descansa en pleno centro del triángulo que forman estos tres pilares de nuestra civilización democrática: estado, religión y televisión. Sí, la televisión. Teniendo en cuenta que puedes hablar de *Friends* o de *Expediente X* con tus amigos de Tokio o de San Francisco, resulta evidente la habilidad de la tele para ayudar a la gente a comunicarse a lo largo y ancho de este mundo.

Miles de personas influyen en todos los aspectos de nuestra vida, ya sea el hombre del tiempo de una tele local, el técnico de una compañía de teléfonos estatal o la mujer de Tobago que elige los mangos para confeccionar una macedonia de frutas. Cada día, consciente o inconscientemente, efectuamos una miríada de conexiones con gente de todo el planeta.

Las ventajas de la comunicación

Nuestro crecimiento personal y nuestra evolución (así como la evolución de las sociedades) se produce como resultado de la conexión con otros humanos, tanto si se trata de una banda juvenil suburbial que se prepara para salir a dar caza a alguien como de un grupo de colaboradores que se reúne los viernes en la pizzería del barrio después del trabajo. En tanto que especie, instintivamente estamos destinados a encontrarnos y formar grupos de amigos, asociaciones y comunidades. Sin ellos no podemos existir.

Comunícate y vive más tiempo

Establecer conexiones es lo que mejor sabe hacer nuestra materia gris. Ésta recibe información desde nuestros sentidos y la procesa realizando asociaciones. El cerebro se recrea en estas asociaciones y aprende de ellas. Crece y se desarrolla cuando está efectuando conexiones.

La gente hace lo mismo. Está científicamente demostrado que la gente que sabe conectar, comunicarse, vive más tiempo. En su magnífico libro *Keep Your Brain Alive* («Mantén tu cerebro vivo»), Lawrence Katz y Manning Rubin citan estudios de la Fundación McArthur, así como del International Longevity Center de Nueva York y de la Universidad del Sur de California. Dichos estudios muestran que la gente que se mantiene activa desde un punto de vista social y físico tiene una mayor esperanza de vida. Ello no significa pasar el rato con la misma pandilla de siempre o pedalear sin cesar en una bicicleta estática. Significa salir y entablar nuevas amistades.

Cuando estableces nuevas conexiones en el mundo exterior, también lo estás haciendo en el mundo interior, en tu cerebro, lo cual te mantiene joven y alerta. Edward M. Hallowell, en su erudito y magnífico libro *Connect* («Conecta»), cita un estudio de 1979 efectuado para el Alameda County Study por la doctora Lisa Berkman, de la Facultad de Ciencias de la Salud de Harvard. La doctora Berkman y su equipo estudiaron minuciosamente a 7.000 personas de entre 35 y 65 años, durante un período de nueve años. La conclusión de su estudio rezaba que la gente que carecía de vínculos sociales y con la comunidad era tres veces más propensa a morir a causa de enfermedades físicas que la que había mantenido contactos más extensos, independientemente del estatus socioeconómico o las prácticas de salud personal como la adicción al tabaco, el consumo de alcohol, la obesidad o la actividad física.

Conecta y consigue la cooperación

La gente puede ayudarte asimismo a ocuparte de tus necesidades y deseos. Sea lo que sea lo que quieras en esta vida —amor, un empleo de ensueño, una entrada para la final de la Copa— existen muchas posibilidades de que necesites la ayuda de alguien para conseguirlo. Si gustas a los demás, estarán dispuestos a dedicarte su tiempo y sus esfuerzos. Y cuanto mejor sea la calidad de tu relación con ellos, más alto será el nivel de su cooperación.

Conecta y siéntete seguro

Conectar es bueno para la comunidad. Después de todo, una comunidad es la culminación de un sinfín de conexiones: creencias comunes, logros, valores, intereses, incluso una ubicación geográfica común. Roma no se construyó en un día, y Detroit tampoco. Hace tres mil años, en lo que hoy llamamos Roma, los indoeuropeos se comunicaban para cazar, sobrevivir y generalmente cuidaban de sus semejantes. Hace trescientos años, un comerciante francés se propuso asentarse para crear un refugio seguro para sus negocios de pieles; comenzó a establecer conexiones, y muy pronto Detroit había nacido.

Poseemos una necesidad básica, física, que nos pone en contacto con la gente; en una comunidad se dan ventajas mutuas y compartidas, y por ello convivimos con nuestros semejantes. Una comunidad conectada proporciona fortaleza y seguridad a sus miembros. Cuando nos sentimos fuertes y seguros podemos concentrar nuestra energía para evolucionar, ya sea social, cultural o espiritualmente.

Finalmente, nos beneficiamos del contacto con los otros emocionalmente. No somos sistemas cerrados, autorregulados, sino bucles abiertos, regulados, disciplinados, corregidos, apoyados y confirmados gracias a la información emocional que recibimos del resto de personas. De vez en cuando conocemos a alguien que influye en nuestras emociones y en los ritmos vitales de nuestro cuerpo de un modo muy agradable, que llamamos amor. A través del lenguaje corporal, de los gestos, de las expresiones faciales, del tono de voz o sólo con las palabras, la gente hace más soportables nuestros días malos y más agradables nuestros días buenos.

Utilizamos los estímulos emocionales procedentes del resto de los humanos del mismo modo que el aire que respiramos o los alimentos que ingerimos. Si de repente careciéramos de contacto emocional y físico (un abrazo y una sonrisa tienen un gran poder), nos marchitaríamos y moriríamos con tanta seguridad como si nos faltara la comida. De ahí el sentido de las historias que a veces hemos escuchado relacionadas con niños que crecen enfermos y débiles en orfanatos, a pesar de que se los alimente y vista de forma adecuada. Las personas afectadas de autismo posiblemente deseen contacto emocional y físico, pero languidecen porque su carencia de habilidades sociales constituye un obstáculo para ellas. ¿Y cuántas veces habrás oído hablar de una persona que, después de cincuenta años de matrimonio, y a pesar de estar completamente sana, muere pocos meses o pocas semanas después de fallecer su cónyuge? La comida y el refugio no bastan. Necesitamos a los demás, y necesitamos amor.

CARA A CARA

Se ha dicho que Internet es la última herramienta para reunir a la gente en base a intereses comunes. Y es verdad: si estás buscando coleccionistas de ositos de peluche en Estocolmo o luchadores de catch en Minsk, los encontrarás en la red. Para las personas que están confinadas en casa a causa de una incapacidad o una enfermedad, la red puede llegar a ser una bendición del cielo.

Pese a ello, es preciso recordar que pasarse horas delante de una pantalla enviando mensajes al ciberespacio resulta un pobre sustitutivo del amplio espectro de experiencias que ofrece el tiempo que se pasa cara a cara con otra persona. Acaso conocerás a alguien en un canal de chat que te interese desde un punto de vista sentimental, pero ¿estarías dispuesto a casarte con esta persona sin haberla visto al menos unas pocas veces cara a cara?

Es necesario encontrarse en presencia de una persona durante unos instantes a fin de percibir todas las pistas verbales y no verbales. La atmósfera que crea la presencia física y mental es tan importante como una atracción superficial, e incluso más. Por ejemplo, ¿qué clase de ambiente estáis creando? ¿Hasta qué punto sois espontáneos? ¿Es realmente fuerte vuestra necesidad de conversación? ¿Y qué decir de vuestra franqueza, solidaridad y camaradería?

Si no conoces las necesidades emocionales de la otra persona, posiblemente acabes fracasando en el intento. Estas cosas sólo pueden concretarse en un contacto cara a cara. Sólo entonces podrás decir que estás «conectando» de verdad.

Por qué funciona la capacidad de agradar

Si gustas a los demás, éstos se sienten cómodos y a sus anchas cerca de ti. Te dedicarán su atención y se te abrirán tranquilamente.

La capacidad de agradar tiene ciertamente algo que ver con tu aspecto, pero depende mucho más de cómo haces sentir a la gente. Mi antigua niñera, que me llevó a apasionarme por la gente, solía hablar de la posibilidad de tener una «disposición risueña». Me llevaba de paseo, y detectábamos a la gente que tenía disposiciones risueñas y a la que lucía «cara de palo». Me decía que podemos elegir cómo queremos ser, y luego nos reíamos de los «caras de palo» porque nos parecían tan serios.

La gente simpática emite señales fuertes y claras de su buena disposición para ser sociable; revela que sus canales de comunicación pública están abiertos. Estas señales transmiten la evidencia de la seguridad en sí mismo, la sinceridad, la confianza. La gente amable muestra un rostro público cálido, tranquilo, con un resplandor de sociabilidad que anuncia: «Estoy dispuesto a entablar contacto. Estoy abierto a los negocios.» Son acogedores y amigables, y consiguen atraer la atención del resto de personas.

¿Por qué 90 segundos?

«El tiempo es oro», o «el tiempo es dinero». «No me hagas perder el tiempo.» El tiempo se ha convertido en un bien cada vez más codiciado. Manipulamos nuestro tiempo, lo detenemos, lo ralentizamos o lo aceleramos, perdemos la noción del mismo y lo distorsionamos; incluso compramos aparatos que nos permiten ahorrar tiempo. A pesar de que el tiempo es una de las pocas cosas que podemos conservar, se desdobla continuamente.

Antaño éramos esencialmente más respetuosos con nuestros semejantes y consagrábamos más tiempo a las sutilezas de conocer a alguien y explorar los intereses comunes. En el enorme ajetreo de la vida actual, nos aprietan tantas fechas tope pegadas a cada cosa que por desgracia no tenemos tiempo, o no podemos tomarnos el tiempo necesario para invertirlo en conocer mejor a los demás. Buscamos asociaciones, hacemos estimaciones y suposiciones, tomamos determinaciones en unos pocos segundos, y a menudo antes de que se pronuncie una palabra. ¿Será un amigo o un enemigo? ¿Lucho por ello o abandono? ¿Es una buena oportunidad o una amenaza? ¿Será alguien familiar o un extraño?

De forma instintiva, evaluamos y desnudamos al prójimo, conjeturamos. Y si no podemos presentarnos a nosotros mismos de forma rápida y favorable, corremos el riesgo de que, de forma más o menos cortés, no nos hagan ni caso.

La segunda razón para fijar en 90 segundos el tiempo necesario para establecer el entendimiento está relacionada con el lapso de la atención humana. Lo creas o no, el lapso de atención de una persona media ¡es de unos 30 segundos! Enfocar la atención se ha comparado con intentar controlar una cuadrilla de monos salvajes. La atención desea ardientemente novedades, necesita que la distraigan y le encanta brincar de rama en rama, estableciendo nuevas conexiones. Si no hay nada nuevo y excitante para enfocar, se distrae y vagabundea en busca de algo más urgente, ya sea el calendario de vencimientos, el fútbol o la paz mundial.

Lee este párrafo, luego deja el libro y fija tu atención en algo que no se mueva (una obra de arte no cuenta). Mantén la vista en el objeto durante 30 segundos. Probablemente sentirás cómo tus ojos se desvían del objeto a los 10 segundos, o incluso antes.

En la comunicación cara a cara, no basta con reclamar la atención de la otra persona. También debes ser capaz de mantenerla el tiempo suficiente para poder emitir tu mensaje o tu intención. Captarás la atención gracias a tu capacidad de agradar, pero la mantendrás mediante la calidad de la relación que establezcas. En definitiva, todo puede resumirse en los siguientes tres puntos: 1) tu presencia, es decir, qué aspecto tienes y cómo te mueves; 2) tu actitud, esto es, qué dices, cómo lo dices y lo interesante que puedas ser; y 3) cómo haces sentir a la gente.

Cuando aprendas cómo entablar conexiones rápidas y llenas de sentido con la gente, mejorarán tus relaciones en el trabajo e incluso en casa. Descubrirás el gozo de ser capaz de aproximarte a alguien con confianza y sinceridad. Pero atención: no estamos cambiando tu personalidad; no se trata de una nueva manera de ser, de un nuevo modo de vida. No dispones de una varita mágica gracias a cuyos poderes todo aquel con quien te topes te invite a su casa a cenar. No, se trata tan sólo de habilidades relacionales que podrás utilizar sólo cuando las necesites.

La necesidad de establecer una relación en 90 segundos o menos con otra persona o con un grupo, ya sea en un entorno social o ante una audiencia de negocios, o incluso en una abarrotada sala de justicia, puede intimidar a mucha gente. Siempre me ha asombrado comprobar que en las habilidades fundamentales de la vida nos han entrenado bien poco, o nada en absoluto. Descubrirás que ya posees muchas de las habilidades que se necesitan para efectuar conexiones naturales con la gente... Lo único que sucedía es que hasta ahora no eras consciente de ello.

2

Primeras impresiones

Para los propósitos de este libro, existen tres etapas a la hora de conectar con la gente: el encuentro, el establecimiento de una buena armonía y la comunicación. Estas tres partes se suceden rápidamente y tienden a solaparse y a mezclarse entre sí. Nuestro objetivo es que devengan lo más naturales, fluidas y fáciles posible, y sobre todo que sean agradables y gratificantes.

Obviamente, empiezas el proceso conociendo a la gente. A veces se conoce a alguien por casualidad (una mujer en el tren que resulta que comparte tu pasión por las películas de Bogart), y en ocasiones porque así lo queremos (ese hombre que te ha presentado tu primo porque le encanta Shakespeare, los buenos vinos y los deportes de aventura, como a ti).

Si conocer a alguien significa el encuentro físico de dos o más personas, comunicar es lo que hacemos a partir del momento en el que somos completamente conscientes de la presencia de la otra persona. Y entre estos dos acontecimientos —el encuentro y la comunicación— se extiende el período de 90 segundos de establecimiento de buen entendimiento o de armonía que los enlaza.

El encuentro

Si transmites la impresión adecuada durante los primeros tres o cuatro segundos de un nuevo encuentro, creas una percepción de que eres sincero, seguro y digno de confianza, y la oportunidad de ir más allá y crear una buena armonía se presenta por sí misma.

El saludo

Llamamos «saludo» a los primeros segundos de contacto. Los saludos se subdividen en cinco partes: Ábrete - Mira - Sé radiante - ¡Hola! - Inclínate. Estas cinco acciones constituyen un programa halagüeño para llevar a buen puerto un primer encuentro.

Ábrete. La primera parte del saludo consiste en abrir tu actitud y tu cuerpo. Si lo haces como es debido, habrás decidido ya una actitud positiva adecuada para ti. Es el momento para sentirla y ser consciente de ella.

Comprueba que tu lenguaje corporal es abierto, accesible. Si presentas la actitud adecuada, todo irá sobre ruedas. Apunta tu corazón directamente a la persona con la que te encuentras. No lo cubras con tus manos o tus brazos y, si es posible, desabrocha tu chaqueta o tu abrigo.

Mira. La segunda parte del saludo concierne a tu mirada. Sé el primero en el contacto visual. Mira a la persona directamente a los ojos. Deja que tus ojos reflejen tu actitud positiva. Nunca olvides lo siguiente: ¡el contacto visual es el contacto *real*!

Acostúmbrate a mirar de verdad a los ojos de la gente. Cuando mires la tele por la noche, observa el color de los ojos del máximo número de personas que puedas, y pronúnciate a ti mismo el nombre del color. Al día siguiente, haz lo mismo con cada persona que encuentres, mirándola directamente a los ojos.

Sé radiante. Esta parte está directamente vinculada con el contacto visual. ¡Sé radiante! Sé el primero en sonreír. Deja que tu sonrisa refleje tu actitud.

Ahora ya te has ganado la atención de la otra persona a través de tu lenguaje corporal, tu contacto visual y tu sonrisa radiante. En su subconsciente, esta persona está procesando la impresión de que eres alguien completamente sincero (y no que eres un loco burlón o majadero, como es posible que se te pase durante un instante por la cabeza).

¡Hola! Tanto si dices «¡Hola!», como «¡Buenos días!» o incluso «¿Qué hay?», dilo en un tono agradable y acto seguido preséntate por tu propio nombre («¡Hola, soy Naomi!»). Como en el caso de la sonrisa o del contacto visual, sé el primero en identificarte. En este punto, y durante sólo unos pocos segundos, estás en disposición de reunir toneladas de información acerca de la persona a la que estás conociendo, información de la que puedes beneficiarte más tarde en la conversación.

Toma la iniciativa. Tiende tu mano a la otra persona, y si es conveniente, encuentra la manera de repetir dos o tres veces su nombre para grabarlo en tu memoria. No digas «Glenda, Glenda, Glenda, mucho gusto», sino más bien «Ah, Glenda, encantado de conocerte, Glenda». Como verás en el capítulo 7, después puede venir tu «afirmación acerca de la ocasión o del lugar».

Inclínate. La parte final de la presentación es la «inclinación». Esta acción debe consistir en un movimiento casi imperceptible hacia delante, para indicar de manera muy sutil tu interés y franqueza mientras comienzas a «sincronizar» con la persona a la que acabas de conocer.

El apretón de manos

La gama de apretones de manos va desde el fuerte y resuelto estrechón que parece machacar los huesos hasta el más blando y flácido. Ambos son memorables y, en algunos casos, ambos te ponen sobre aviso acerca de la persona en cuestión.

UN EJERCICIO DE SALUDO: DISPARAR ENERGÍA

Éste es uno de los ejercicios más potentes de entre los que propongo en mis seminarios, pero incluso sin supervisión puedes transformarlo en una fuerza con la que puedes contar.

Para hacerlo necesitas a otra persona. Mantente a unos dos metros de distancia enfrente de ella, como si fuerais dos duelistas en una película del oeste. Cuando digáis «¡Hola!», debéis dar una palmada juntos, y deslizar hacia fuera la mano derecha, mientras avanzáis la izquierda en dirección al otro. Acumula toda la energía que puedas por todo tu cuerpo y almacénala en tu corazón, luego «palmea» la energía hacia la mano derecha (la que usas en un apretón de manos) directamente hacia el corazón de la otra persona. Se trata de una larga explicación para algo que no dura más de dos segundos, pero cuando los seis canales —cuerpo, corazón, ojos, sonrisa, palmada y voz/aliento— se disparan hacia la persona en un flash rápido se produce una vasta transferencia de energía.

Inmediatamente después de recibir la energía, tu compañero debe dispararla hacia ti de la misma manera. Proseguid por turnos, de prisa y concentrados, disparando hacia el otro. Aseguraos de que establecéis contacto con los seis canales a la vez. Practicad cada uno dos minutos.

Ahora empieza el fuego real. Vas a empezar a disparar distintas calidades de energía: lógica/energía mental, comunicación/energía de la garganta, amor/energía del corazón, poder/energía del plexo solar y energía sexual. Antes has disparado amor/energía del corazón. Ahora haz lo mismo de mente a mente en lugar de corazón a corazón. Sigue disparando energía mental/lógica a tu compañero hasta que ambos coincidáis en que podéis sentir y diferenciarla del amor/energía del corazón. Después de dos o tres minutos insistiendo, intenta con las otras regiones: de garganta a garganta, de plexo solar a plexo solar, etc.

Cada vez funciona mejor. Imagínate qué clase de energía quieres enviar, pero no digas cuál es. Ahora saluda a tu compañero, da una palmada, di «¡Hola!» y ¡dispara! Tu compañero debe identificar el tipo de energía que está recibiendo. Ejercitaos por turnos. Practicad y practicad hasta que vuestro lenguaje corporal se vuelva sutil y casi imperceptible.

Luego sal a la calle e inténtalo con las personas a las que te encuentres. Dispara energía cuando digas «Hola» a alguien en un supermercado, al camarero en el bar, a tu cuñada o al tipo que repara la fotocopiadora en tu oficina. Notarán en ti algo especial, algo así como una «calidad estelar».

El apretón suele acompañarse con ciertas expectativas. Puede ser firme y respetuoso, como si sacudieras una campanita para llamar al servicio de habitaciones. Desvíate de estas expectativas y la otra persona se las verá y se las deseará para encontrar sentido a lo que está pasando. Se produce una sensación de que hay algo que no va, como si saliera agua caliente del grifo de agua fría. La mente detesta la confusión, y cuando se enfrenta a ella, el primer instinto es el de retirarse.

El apretón con «manos libres» es un apretón sin la mano, y es un arma muy poderosa. Limítate a hacer todo lo que harías durante un apretón de manos normal, pero sin usar la mano. Apunta tu corazón hacia la otra persona y di «Hola». Ilumina tus ojos y sonríe, y despide la misma energía especial que suele acompañar un estrechón de manos completo.

A propósito, el apretón con «manos libres» funciona de maravilla cuando quieres establecer contacto con un grupo o una audiencia.

Establecer un buen entendimiento

El entendimiento es el establecimiento de un interés común, de una zona cómoda en la que dos o más personas pueden reunirse mentalmente. Cuando existe un buen entendimiento, cada persona *proporciona* algo a la interacción —atención, calor, sentido del humor, por ejemplo— y cada persona *obtiene* algo: empatía, simpatía, acaso un par de buenos chistes. El entendimiento es el lubricante que permite que los intercambios sociales fluyan con suavidad.

Cuando se consigue un buen entendimiento, el precio es la aceptación positiva por parte de la otra persona. Esta respuesta no puede traducirse en muchas palabras, pero indicará algo como lo que sigue: «Sé que acabo de conocerte, pero me gustas, así que te confiaré mi atención.» En ocasiones, la armonía se produce tal cual, como si fuera por casualidad; a veces le tienes que echar una mano. Si lo haces bien, la comunicación podrá empezar. Si lo haces mal tendrás que negociar la atención del otro.

Si conoces y saludas a alguien por primera vez, tu habilidad para establecer un buen entendimiento dependerá de cuatro cosas: tu actitud, tu habilidad para «sincronizar» ciertos aspectos comportamentales como el lenguaje corporal y el tono de voz, tus aptitudes para conversar y tu habilidad para descubrir en qué sentido (visual, auditivo o sensitivo) confía más la otra persona. Cuando te conviertas en un experto en estas cuatro disciplinas, serás capaz de conectar rápidamente y establecer un buen entendimiento con cualquier persona que elijas y en cualquier momento.

Sigue leyendo y descubrirás que es posible acelerar el proceso de sentirse cómodo con un extraño saltándote los ritos de familiarización usuales e incidiendo en rutinas que la gente a la que le gustan las otras personas realizan con naturalidad. En un tiempo insignificante, te llevarás con la otra persona como si hiciera siglos que la conoces. Muchos de mis estudiantes refieren que cuando la capacidad para establecer un buen entendimiento se convierte en una segunda naturaleza, la gente les pregunta: «¿Seguro que no nos conocíamos?» Conozco esta sensación; me pasa muchas veces. Y no sólo pasa con la gente que me lo pregunta. Estoy convencido de que a la mitad de las personas que voy conociendo, ya las conocía antes; esto es lo que sucede cuando uno se mueve fácilmente por el mapamundi interior de otra persona. Es una sensación maravillosa.

Comunicar

Cada persona parece otorgar un significado diferente a la palabra «comunicación», pero las definiciones suelen rezar lo siguiente: «Es un intercambio de información entre dos o más personas», «Significa hacer entender un mensaje», o «ser comprendido».

En los primeros tiempos de la Programación Neurolingüística, un proyecto de investigación dedicado a «estudiar las cualidades personales y establecer un modelo acerca de cómo estructuran los individuos sus experiencias sensoriales subjetivas», Richard Bandler y John Grinder crearon una definición eficaz: «El sentido de la comunicación depende siempre de la respuesta que obtengamos.» Es simple, y brillante, porque significa que depende al 100 % de ti, tanto si tu propia comunicación resulta como si no resulta. Después de todo, *tú* eres el único que posee un mensaje que emitir o un objetivo que cumplir, y *tú* eres el único responsable de que se produzca. Es más, si no funciona, *tú* eres el único que posee la flexibilidad para cambiar lo que haces hasta que al fin consigas lo que quieras. A fin de otorgar cierta forma y función a la comunicación para el propósito que nos ocupa, asumamos que tenemos algún tipo de respuesta en la mente. La gente que no domina mucho sus habilidades comunicativas no suele haber considerado ante todo la respuesta que quiere recibir de la otra persona, y en consecuencia, no puede apuntar en ninguna dirección.

Las habilidades que aprenderás aquí te servirán en todos los niveles de comunicación, desde los asuntos sociales (cómo establecer nuevas relaciones y hacerte comprender en todo momento en tus interacciones diarias) hasta tus propios movimientos vitales y los de quienes se encuentran en tu esfera de influencia.

La fórmula para una comunicación efectiva consta de tres partes diferenciadas:

Saber lo que quieres. Formula tu intención en modo afirmativo y preferiblemente en tiempo presente. Por ejemplo, «quiero una relación exitosa, me he imaginado qué aspecto tendrá, cómo sonará, cómo olerá, qué sabor tendrá esta relación cuando exista, y sé cuándo lo sentiré» es una oración afirmativa, opuesta a «no quiero estar solo».

Identificar lo que quieres conseguir. Obtén información donde se encuentre. No lo conseguirás pasando el rato en bares llenos de humo.

Cambiar tus hábitos hasta que consigas lo que quieres. Diseña un plan y síguelo: «Voy a invitar a 10 personas a cenar cada sábado por la noche.» Hazlo e intenta obtener más información. Rediséñalo si es necesario, e intenta identificar las nuevas informaciones que obtengas. Repite el ciclo «rediseñar para obtener información» hasta que consigas lo que quieres. Puedes aplicar este ciclo a cualquier área de tu vida que quieras mejorar: finanzas, amor, deportes, carrera, lo que quieras.

Saber lo que quieres. Identificar lo que quieres conseguir. Cambiar tus hábitos hasta que consigas lo que quieres. Así, tal cual, o si quieres un truquillo para acordarte de estas reglas, piensa que este «tal cual», este «así», se suele escribir en latín (SIC) en muchas ocasiones. Para nuestro propósito nos servirá, pues coincide con la primera letra de las normas. SIC. Cada vez que te topes con estas palabras, o que se te ocurra la frase «tal cual», pregúntate cómo estás llevando tus habilidades en el terreno de la comunicación.

Qué es lo que verás

En los siguientes capítulos, examinaremos el terreno de juego del entendimiento con más detalle, así como el valor de una Actitud Realmente Positiva a la hora de proyectar una imagen útil y provechosa de ti mismo. Aprenderás qué pasa a primera vista, en superficie, y debajo de esta superficie, y la importancia de que tu lenguaje corporal, tu tono de voz y tus palabras sean congruentes, de que emitan el mismo mensaje. Nada de señales cruzadas, nada de interferencias, nada de confusión. Descubrirás que tu lenguaje corporal atrae a ciertas personas y no a otras, y cómo, realizando unos pocos ajustes a tus propios movimientos, podrás influir en la manera que tiene la gente de considerarte.

Luego ahondaremos en el cálido y acogedor mundo de la sincronía. Aprenderás cómo alinearte con las señales que envían las otras personas, a fin de que éstas sientan una familiaridad natural y una comodidad a tu lado. También discutiremos acerca de la enorme importancia del tono de voz, y de qué modo influye en los estados de ánimo y emociones que queremos transmitir.

Recorreremos un capítulo entero dedicado a iniciar y mantener conversaciones brillantes. Exploraremos todas las maneras para que la gente se abra y para evitar que se cierre. También trataremos acerca de los cumplidos, de la manera de obtener libremente información y de cómo lograr que se nos recuerde.

Finalmente profundizaremos todavía un poco más, hasta el auténtico núcleo de la mente humana. La sorprendente realidad es que, aunque navegamos por el mundo a través de nuestros cinco sentidos, cada uno de nosotros posee un sentido en el que confía más que en los otros cuatro. Te enseñaré cómo la gente constantemente está dando pistas acerca de su sentido favorito, y cómo puedes establecerte en la misma longitud de onda sensorial que tus interlocutores. ¿La gente que confía más en sus oídos es distinta a la que confía más en su vista? Cada cual tiene derecho a ver el mundo a su manera, y a ti te corresponderá encontrar la manera de enfocar para comunicarte con ellos.

Cada capítulo incluye al menos un ejercicio que te ayudará a darte cuenta de tu poder para conectar. Algunos de estos ejercicios pueden hacerse a solas, pero otros exigirán la ayuda de alguien más. Abórdalos, la comunicación cara a cara y las habilidades para entenderse son actividades interactivas, y no puedes aprenderlas enteramente a solas.

Ésta es la cuestión. Conectar. Durante todo el día, hombres, mujeres y niños revelan claves vitales sobre lo que les hace funcionar —sobre su manera de experimentar y filtrar el mundo—, a través de su lenguaje corporal, su tono de voz, sus movimientos oculares y la elección de sus palabras. Simplemente no pueden dejar de hacerlo. Ahora te corresponde a ti aprender cómo usar este maravilloso e incesante flujo de información para obtener mejores resultados y relaciones más satisfactorias.

Segunda parte
El terreno de entendimiento de 90 segundos

3

«¡Hay algo en esta persona que me gusta de verdad!»

Tanto si intentas conseguir vender algo como si quieres concertar una cita o engatusar a un policía para que no te multe, necesitas entenderte con alguien. A veces el entendimiento se produce con toda naturalidad, y nada indica por qué ha sucedido. El negocio se cierra, la conversación fluye, el policía rasga la multa. Pero ¿cuántas veces te has encontrado en una situación en la que, por mucho que lo intentes, no hay manera de conectar con la otra persona, y sin razón aparente? Después de todo, sabes que eres un ser humano bueno y honesto. Tal vez hasta eres un ser humano fabuloso, salvajemente atractivo. Pero pese a todo lo que digas o hagas, no puedes llegar a entenderte y no puedes conectar.

No estás solo. Ser un tipo honrado no basta para garantizarte un buen entendimiento con otra persona. El diccionario define «entendimiento» como «comunicación armoniosa o comprensiva». En nuestras comunicaciones interpersonales, solemos recurrir a ciertas rutinas cuando conocemos a una persona. Si estas rutinas funcionan y se establece un buen entendimiento, podemos empezar a enviar información con una certeza razonable de que ésta se aceptará y se considerará seriamente. Una consideración seria es vital, porque la premisa fundamental del entendimiento es la percepción de credibilidad, que a su vez conducirá a una confianza mutua. Si no se establece la credibilidad, el mensajero se convertirá en el foco de atención en lugar del mensaje, y dicha atención causará incomodidad.

Pero cuando experimentamos el mundo a través de los mismos ojos, oídos y sentimientos que las otras personas, estamos tan unidos o sincronizados con ellas que no pueden evitar saber que las entendemos. Ello significa ser mucho más como ellas de lo que creemos, y hacer que se sientan cómodas con nosotros, hasta el punto de que, en su subconsciente, se digan: «No sé qué tiene esta persona, pero es algo que me gusta de verdad.»

Ciertas investigaciones han demostrado que disponemos aproximadamente de 90 segundos para causar una impresión favorable cuando nos relacionamos con alguien por primera vez. Lo que suceda en estos 90 segundos puede determinar nuestro éxito o nuestro fracaso a la hora de conseguir el entendimiento. De hecho, a menudo disponemos de menos de 90 segundos.

Entendimiento natural

La atracción está presente en todo el universo. Aunque la llames magnetismo, polaridad, electricidad, pensamiento, inteligencia o carisma, sigue siendo atracción, y lo abarca todo, animales, vegetales o minerales. Establecemos asociaciones sincronizadas de forma natural, y aunque para muchos son difícilmente perceptibles, para otros son bien tangibles.

Siempre hemos confiado en el contacto emocional y en las señales de nuestros padres, cónyuges, maestros y amigos para que nos guiaran a través de nuestra vida. Nos influye la información emocional que nos transmiten, sus gestos y su manera de actuar. Cuando tu madre o tu padre se sentaban de una manera determinada, tú querías hacer lo mismo; si un amigo íntimo o una estrella del cine caminaba de cierta manera, tú querías adoptar unos andares similares. Aprendemos a equipararnos con las señales que nos envía la gente. Los demás imprimen su manera de ser en nosotros. Sincronizamos con lo que nos gusta de ellos.

La gente con intereses comunes establece un entendimiento natural. La razón por la que te llevas tan bien con tus amigos íntimos radica en vuestros intereses similares, en vuestras opiniones similares, y acaso en vuestra similar manera de actuar. Desde luego, a menudo encontrarás muchas razones para discrepar o discutir, pero esencialmente te pareces mucho a ellos.

Nosotros, los seres humanos, somos animales sociales. Vivimos en comunidades. Es mucho más «normal» e incluso lógico que la gente se lleve bien con otras personas que discutir o incluso pelearse y *no* llevarse bien. La ironía de la situación reside en que la sociedad nos ha condicionado para temer a los demás, para levantar barreras entre nosotros y los demás. Vivimos en una sociedad que pretende encontrar su unidad a través del amor, pero que en la actualidad la encuentra a través del miedo. Los medios de comunicación nos aterrorizan con titulares a través de los cuales continuamente se nos habla de terremotos y accidentes aéreos, y se nos pregunta si poseemos suficientes pólizas de seguros, si estamos demasiado gordos, demasiado flacos, si el detector de humos funcionará o si hemos pensado en lo costoso que será nuestro funeral. El entendimiento natural es un requisito primordial para nuestra salud mental, nuestra evolución e incluso nuestra supervivencia.

Entendimiento casual

Tal vez hayas viajado al extranjero, a un país cuyos habitantes no hablan tu lengua y a los que no comprendes. Sientes una ligera incomodidad —y hasta suspicacia— cuando no te entienden. Luego, de repente, conoces a alguien de tu propio país, o incluso de tu propia provincia. Esta persona habla tu idioma y, ¡bingo!, acabas de encontrar a un nuevo amigo (al menos durante las vacaciones). Puedes compartir experiencias, opiniones, observaciones acerca de dónde encontrar los mejores restaurantes y las gangas más provechosas. Intercambiaréis sin titubear información personal acerca de la familia y el trabajo. Todo esto y mucho más porque compartís un idioma. Este entendimiento es casual. Quizá vuestro entusiasmo os lleve a proseguir esta amistad cuando regreséis a casa, aunque sólo sea para descubrir que aparte del idioma y del lugar, no tenéis nada en común y la relación fracasa por sí sola.

Esto no se limita al idioma y la geografía. Los encuentros casuales se producen casi a diario para la mayoría de la gente, en el trabajo, en el supermercado, en la lavandería o en la parada del autobús.

La clave para establecer un buen entendimiento con extraños es aprender cómo volverse como ellos. Afortunadamente, es muy simple y al mismo tiempo divertido. Te permite contemplar cada nuevo encuentro como un rompecabezas, un juego, un gozo.

Entendimiento planeado

Cuando los intereses o el comportamiento de dos o más personas están sincronizados, se dice que estas personas se entienden. Como ya hemos visto, el entendimiento puede producirse en respuesta a intereses compartidos o bien cuando te encuentras en determinadas situaciones o circunstancias. Pero cuando no se presenta ninguna de estas condiciones, existe una manera para establecer un entendimiento «planeado»... y éste es el tema de este libro.

Cuando comenzamos a establecer un entendimiento planeado, reducimos a propósito la distancia y las diferencias entre otra persona y nosotros mismos encontrando intereses comunes. Cuando ello sucede, sentimos una conexión natural porque somos similares, nos hemos convertido en alguien igual a esta persona o grupo de personas.

Del mismo modo que entre Mark y Tanya, en la historia que aparece en el recuadro, se desarrolla el entendimiento, están pasando muchas más cosas de las que la vista puede apreciar. Una persona corriente acaso no lo notará, pero para el ojo y el oído entrenados está sucediendo constantemente. Cuando emerge su interés compartido por los sellos, también lo hace una similitud en su comportamiento hacia el otro. El lenguaje corporal, las expresiones faciales, el tono de voz, el contacto visual, la forma de respirar, los ritmos corporales y muchas actividades fisiológicas más acaban alineándose. Dicho con sencillez, inconscientemente empiezan a comportarse de una manera parecida, como si se imitaran. Comienzan a sincronizar sus acciones.

El entendimiento planeado se establece alterando deliberadamente el comportamiento, durante un rato, a fin de volverse *como* la otra persona. Te conviertes en un adaptador, al

INTERESES COMUNES

Mark asiste a una cena formal, con mesas de ocho comensales cada una. Detesta acudir a estas citas y, como de costumbre, se le traban las palabras. Pronto comienza a experimentar una sensación familiar, nada agradable. No conoce a nadie, salvo a su contable, que está sentado en la otra punta de la sala de banquetes y que está haciendo reír a todo el mundo. De repente, el invitado que se sienta delante de él, una joven que luce un vestido azul brillante que le ha llamado la atención hace unos momentos, incluso antes de que hablaran, le dice al hombre que está sentado a su izquierda que es una voraz coleccionista de sellos. ¡Como Mark!

Mark se siente aliviado y alborozado, porque la suerte le ha proporcionado una excusa para hablar con ella. Tienen algo en común, los sellos. Mark se deja oír y le habla a Tanya de un sello muy extraño de 1948, y de cómo lo encontró por casualidad, cuando su automóvil le dejó tirado en un pueblecito perdido, en el norte de su región. Con los codos apoyados en el borde de la mesa y un dedo posado delicadamente en su mejilla, cerca de su oreja, Tanya se inclina hacia Mark; sus pupilas se dilatan levemente mientras sus hombros se van relajando. También Mark se apoya en sus codos, sonriendo cuando Tanya sonríe, asintiendo cuando ella asiente. Ella da un sorbo a su vaso de agua; él comprueba que está haciendo lo mismo...

Mark y Tanya han establecido un buen entendimiento. Han conectado y han iniciado una relación a través de un interés común. Su entendimiento es evidente en muchos niveles: las pistas y el ritmo que perciben de la otra persona y que le envían, las imperceptibles modificaciones de carácter que van llevando a cabo sin pensar. El interés compartido les ha dado proximidad, y se están ajustando mutuamente. ¿Quién sabe dónde los llevará? Se gustan el uno a la otra porque son el uno como la otra, y el baile del entendimiento ha comenzado a calibrarse. Han establecido una conexión favorable en 90 segundos como máximo.

menos hasta que se ha establecido la conexión. Justamente, lo que puedes adaptar y cómo hacerlo es lo que aprenderás en los capítulos siguientes.

Lo único que necesitarás es tu actitud, tu apariencia, tu cuerpo, tus expresiones faciales, tus ojos, el tono y las cadencias de tu voz, tu talento para estructurar las frases en una conversación cautivadora y tu recién revelado don para descubrir el sentido favorito de la otra persona. Súmale a todo ello una habilidad para escuchar y observar a la gente y la muy estimable ayuda de la curiosidad. Sin accesorios, sin artefactos, sin afrodisíacos, sin píldoras, sin talonario de cheques, sin amenazas físicas... Sólo los dones maravillosos con los que naciste, y tu alentador deseo de compañía ajena.

4

La actitud lo es todo

Tu mente y tu cuerpo forman parte del mismo sistema, se influyen mutuamente. Cuando te sientes feliz, pareces feliz, tu voz suena alegre y usas palabras que denotan esta felicidad. Intenta sentirte miserable mientras saltas en el aire y das palmadas, o intenta sentirte feliz mientras estás sentado en una silla, alicaído y encorvado. Tu actitud controla tu mente, y tu mente rige el lenguaje corporal.

Las actitudes determinan el tipo y la calidad de tus pensamientos, tu tono de voz, las palabras que pronuncias. Y lo que es más importante, gobiernan tu lenguaje facial y corporal. Las actitudes son como bandejas en las que nos servimos a nosotros mismos a las otras personas. Si tu mente está regulada por una actitud particular, posees un control consciente muy pequeño sobre las señales que tu cuerpo envía. Tu cuerpo tiene una mente propia, y expresará los patrones comportamentales asociados con cualquier actitud que estés experimentando.

Una Actitud Realmente Positiva

Independientemente de lo que estés haciendo o viviendo, la calidad de tu actitud determina la calidad de tus relaciones, por no hablar del resto de aspectos de tu vida.

Durante los últimos ocho años he acudido a la misma sucursal bancaria. De vez en cuando, alguien de quien nunca he oído hablar me envía una carta (escribiendo erróneamente mi nombre) para decirme el placer que le produce tener a un cliente tan especial como yo. Por mucho que intenten mejorar su servicio «personalizado», los bancos son más o menos iguales en todas partes, y el mío realmente no es distinto a los otros. Así que, ¿por qué sigo operando en ese banco, cuando resulta que recientemente han abierto dos nuevas agencias la mar de competentes mucho más cerca de donde yo vivo? ¿Por conveniencia? Obviamente no. ¿Mejores intereses? Tampoco. ¿Más servicios? No. Nada de eso. Se trata de Joanne, una de las cajeras. ¿Qué ofrece Joanne que no puede ofrecer la institución? Me hace sentir bien. Creo que se preocupa por mí, y hay otros clientes que sienten lo mismo al respecto. Como habrás supuesto, todos quieren hablar con ella. Esta dama encantadora ilumina por sí sola todo el lugar.

¿Qué es lo que hace Joanne? Muy sencillo. Sabe lo que quiere: agradar a los clientes y hacer bien su trabajo. Posee una Actitud Realmente Positiva o, para ser más preciso, dos Actitudes Realmente Positivas plenamente congruentes. Se muestra al mismo tiempo alegre e interesada, y todo el mundo se beneficia de ello: yo, como cliente, sus colegas, su empresa, sin duda su familia y, ante todo, ella misma. Lo que Joanne envía con su Actitud Realmente Positiva lo vuelve a recibir con creces, y se convierte en una realidad gozosa y satisfactoria para ella misma. Y no cuesta ni un céntimo.

Una Actitud Realmente Negativa

Dos personas distintas reaccionan con actitudes radicalmente diferentes al mismo conjunto de experiencias. Sin embargo, cuando dos personas reaccionan a la misma experiencia con la misma actitud, comparten un poderoso vínculo natural. Las actitudes tienden a ser contagiosas, y por el hecho de estar arraigadas en la interpretación emocional de las experiencias, pueden distorsionarse y moldearse; pueden enrollarse o deshilvanarse.

¿Qué pasa cuando una persona pierde el control y se enfada? Parece beligerante (lenguaje corporal), su tono de voz es áspero, y emplea palabras amenazantes. Puede resultar espeluznante estar a su alrededor. En lo relativo a caer bien a la gente, o incluso a obtener una cooperación voluntariosa, hablamos en este caso de Actitud Realmente Negativa. A menudo habrás visto a padres enfurecidos regañando a sus hijos porque manosean los plátanos en el supermercado. O a vendedores aburridos y poco interesados. O a médicos gruñones e impacientes. Todos ellos se están rigiendo por actitudes negativas. No estoy diciendo qué es lo que está bien o lo que está mal; sólo estoy indicando que desde un punto de vista comunicativo no envían el mensaje de forma correcta. Asumiendo que tengan un mensaje que emitir. Y resulta que a menudo ésta es la cuestión. Las actitudes negativas tienden a provenir de gente que no sabe realmente lo que quiere comunicar.

Recuerda que la «S» de «SIC» significa «Saber lo que quieres». Si no sabes lo que quieres, no hay mensaje que emitir, ni base alguna para conectar con la gente.

Mucha gente piensa en términos relacionados con lo que *no* quiere, por oposición a lo que *sí* quiere, y sus actitudes acaban reflejándolo. «No quiero que mi jefe me grite más» procede de una actitud totalmente diferente a «Quiero el puesto de mi jefe» o «Quiero que me asciendan». Del mismo modo, «Estoy harto de vender corbatas todo el día» traduce una actitud y unas señales completamente distintas a tu imaginación que si se dijera «Quiero dedicarme a transportar viajeros en un bote de pesca en las islas del Caribe».

Tu imaginación es la fuerza más poderosa que posees, incluso más que la voluntad. Piensa en ello. Tu imaginación proyecta experiencias sensoriales a tu mente a través del lenguaje de imágenes, sonidos, sentimientos, olores y sabores. Tu imaginación distorsiona la realidad. Puede trabajar para ti o contra ti. Puede hacer que te sientas de maravilla o como un miserable. Así que cuanto mejor puedas introducir la información en tu imaginación, mejor podrá ésta organizar tu manera de pensar y tus actitudes, y en última instancia, tu vida.

Tú eliges

La buena noticia es que tú eres quien escoge las actitudes. Y si eres libre para elegir la que te plazca, ¿por qué no optar por una Actitud Realmente Positiva?

Supongamos que acabas de llegar al aeropuerto de Nueva York y has perdido la conexión hacia Chicago. Simplemente debes conseguir un billete para el próximo vuelo, cueste lo que cueste, así que te diriges a la taquilla de la compañía aérea y le gritas al empleado. Ésta es una Actitud Realmente Negativa. Si lo que pretendes es que el encargado te preste su ayuda al máximo, lo mejor que puedes hacer es encontrar una Actitud Realmente Positiva que cree un entendimiento para conseguir dicha cooperación.

Probablemente no debería confesarlo, pero he logrado que me perdonen docenas de multas de automóvil (también he fracasado unas pocas veces), y no sólo infracciones de aparcamiento. Estoy absolutamente convencido de que si hubiera comenzado diciéndole al agente de policía que el radar estaba estropeado, o si hubiera perdido los nervios y le hubiera dicho, enfadado, que era el primo del alcalde y que nunca más volvería a aquella ciudad, estaría condenado desde el principio. Si quiero caer bien al agente, para que me comprenda y no me multe, debo asumir una Actitud Realmente Positiva, por ejemplo: «Lo siento mucho», o «Tiene toda la razón», o «Por Dios, qué tonto he sido», o bien «Oh, claro, sí, gracias».

La última vez que me pararon, el agente me siguió hasta el parking del supermercado del pueblo y se detuvo justo detrás de mi automóvil; salí del coche y caminé hasta el suyo. A juzgar por su apariencia, con su barba y su complexión física, imaginé que era un Sensitivo, es decir, una persona que confiaba sobre todo en los sentimientos (más adelante aprenderás algo más al respecto), así que las primeras palabras que salieron de mi boca fueron: «Tiene toda la razón.» Sobre todo porque no había duda alguna de que yo no tenía razón. Me ofreció una más que merecida perorata sobre lo que había hecho y me dejó ir tras una advertencia verbal. La cuestión es que mi actitud marcó el tono del encuentro, pues yo sabía lo que quería.

En las situaciones cara a cara, tu actitud te precede. Es la fuerza central de tu vida, controla la calidad y la apariencia de todo lo que hagas.

Actitudes Realmente Positivas	Actitudes Realmente Negativas
Cálido	Colérico
Entusiasta	Sarcástico
Confiado	Impaciente
Comprensivo	Aburrido
Relajado	Irrespetuoso
Complaciente	Fanfarrón
Curioso	Pesimista
Ingenioso	Ansioso
Cómodo	Rudo
Servicial	Suspicaz
Cautivador	Vengativo
Calmado	Temeroso
Paciente	Autoconsciente
Acogedor	Burlón
Alegre	Confundido
Interesado	Sumiso

No se necesita mucha imaginación para representarse Actitudes Realmente Negativas —ira, impaciencia, altivez, aburrimiento, cinismo—, así que, ¿por qué no dedicar un momento a contemplar y sentir una Actitud Realmente Positiva? Cuando acabas de conocer a alguien, puedes mostrarte curioso, entusiasta, interesado, servicial o cautivador. O cálido, mi actitud favorita. Hay algo contagioso en el contacto humano cálido; de hecho, los científicos han descubierto que puede generar la liberación de opiáceos en el cerebro... ¿Qué tiene esto que ver con una Actitud Realmente Positiva? No hace falta decir que lo que acabas de leer es más positivo que la venganza y la falta de respeto.

Pregúntate lo siguiente: «¿Qué quiero, ahora mismo, en

este momento? ¿Y qué actitud me será más útil?» Recuerda, sólo hay dos tipos de actitud que puedas considerar cuando hablamos de seres humanos: positivas y negativas.

¿Cuántas veces has visto a una presentadora entrevistando a alguien en la tele con total desgana? ¿O a un vendedor atendiéndote en una tienda cuando resulta evidente que le gustaría estar en otra parte? ¿O a un colega que se muestra sarcástico con alguien que podría fotocopiar sus documentos más de prisa si quisiera? ¿O a los pasajeros de un taxi mostrándose rudos con el conductor, la única persona que tiene la posibilidad de llevarlos a tiempo a la iglesia? Se trata de Actitudes Realmente Negativas. En lo concerniente a la comunicación, el fracaso está virtualmente garantizado.

Una Actitud Realmente Positiva es uno de los vehículos más importantes para transportar la capacidad de agradar, y funciona como un hechizo. Tu postura, tus movimientos y tu expresión hablarán de forma bien elocuente incluso antes de que abras la boca.

Cuanto antes sepas lo que quieres y cuál es la actitud más positiva para conseguirlo, antes cambiarán tu lenguaje corporal, tu voz y tus palabras para obtener lo que desees.

La conclusión es obvia. La gente que sabe lo que quiere tiende a conseguirlo, porque está concentrada y es positiva, y ello se refleja tanto de forma aparente como profunda en su actitud. Adopta una actitud alegre la próxima vez que conozcas a alguien y observa cómo cambia por completo todo tu ser. Tu aspecto será alegre, tu voz sonará alegre, y tus palabras también lo serán. Éste es el «paquete comunicativo» completo. El resto de la gente realiza importantes ajustes al responderte, basándose en las señales que transmites. En el próximo capítulo daremos un vistazo detallado a cómo se combinan estas señales para presentar una imagen positiva.

UN EJERCICIO DE ACTITUD:

PROVOCAR RECUERDOS FELICES

¿Sabes hasta qué punto ciertos sonidos pueden recordarte algo especial de tu vida? Cuando tenía ocho años, mi madre me llevó a un complejo turístico en el que yo solía contemplar a un hombre que confeccionaba donuts frescos mientras Paul Anka cantaba «Diana» de fondo. Ahora, cada vez que oigo esta canción, desencadena el olor de los donuts frescos y el recuerdo de aquellas felices vacaciones. La canción me activa el recuerdo. La señal que desencadena este proceso puede ser un sonido o una imagen. También puede ser un sentimiento o una acción. Y, lo creas o no, esta sensación puede ser un simple puño cerrado.

Sigue los pasos que te indico, y verás a qué me refiero. Usa la mano con la que escribes y cierra tu puño todo lo que puedas. Luego suéltalo. Repite la acción un par de veces. Éste será tu detonador.

1. ELIGE UNA ACTITUD REALMENTE POSITIVA, una actitud que te parezca positiva cuando estás conociendo a alguien. Puede ser de curiosidad, de ingenio, de calidez o de paciencia, o cualquier actitud que creas que puede funcionar. Pero debe ser una actitud que hayas experimentado alguna vez en tu vida y a la que puedas acudir si así lo quieres.
2. ENCUENTRA UN LUGAR CONFORTABLE, tranquilo y no muy iluminado, donde no te molesten durante 10 minutos. Siéntate, coloca los dos pies en el suelo, respira lentamente por el abdomen (no por el pecho) y relájate.
3. AHORA YA ESTÁS LISTO. Cierra los ojos e imagina un momento de tu vida en el que sentías la actitud que has elegido. En el ojo de tu mente, represéntate este acontecimiento específico. Incluye todos los detalles que puedas recordar. ¿Qué

había en primer plano y de fondo? ¿La imagen es brillante o borrosa, en blanco y negro o en color? ¿Es amplia o pequeña? Tómate el tiempo necesario y hazla todo lo real que puedas. Ahora sigue el rastro de esta imagen y mira a través de tus propios ojos. Toma nota de lo que ves.

4. LUEGO, INCORPORA LOS SONIDOS ASOCIADOS A ESTA IMAGEN. Observa de dónde vienen los sonidos: ¿de la izquierda, de la derecha, de delante, de detrás? ¿Son fuertes o débiles? ¿Qué clases de sonido escuchas? ¿Música? ¿Voces? Escucha el tono, el volumen y el ritmo. Escucha con profundidad, y los sonidos regresarán, fluyendo. Escucha la calidad de cada sonido e intenta oír de qué modo contribuye a la actitud elegida.
5. INCORPORA LAS SENSACIONES FÍSICAS ASOCIADAS CON ESTE ACONTECIMIENTO: el tacto de las cosas que hay a tu alrededor, la temperatura del aire, tu manera de vestir, tu peinado, si estás sentado o de pie. Luego observa las sensaciones interiores de tu cuerpo. ¿Dónde comienzan? Acaso se mueven por todo tu cuerpo. Enfoca tu concentración hacia estas sensaciones maravillosas y disfruta de ellas. Recórrelas. Observa todos los olores y sabores que aparecen, y saboréalos.
6. CON TUS OJOS «EXTERIORES» TODAVÍA CERRADOS, vuelve a mirar la escena a través de tus ojos «interiores». Intenta que la imagen esté más definida, que sea brillante, más grande y pronunciada. Haz que los sonidos sean más fuertes, claros, puros y perfectos. Que las sensaciones sean más potentes, ricas, profundas, cálidas. Sigue la intensidad de las sensaciones si te mueves de un sitio a otro, luego arrástralas hacia el principio e intensifícalas. Arrástralas una y otra vez mientras se van haciendo cada vez más fuertes. Deja que la sensación rebose a tu alrededor.
7. PROCURA QUE TODO SEA EL DOBLE DE GRANDE, FUERTE Y PURO. Y luego multiplícalo de nuevo por dos. Y otra vez más. Ahora todo tu cuerpo y tu mente se están regocijando

en esta experiencia. La estás viendo, oyendo, sintiendo. Intensifica todo lo que puedas las sensaciones, y cuando ya no te sea posible hacerlo, vuelve a intensificarlas y cierra tu puño fuerte y rápidamente mientras amarras la parte culminante de la experiencia a tu «detonante». Siente cómo las sensaciones te inundan. Vuelve a intensificarlas, luego cierra el puño en el punto culminante de las sensaciones y suéltalo. Relaja la mano y siente cómo las sensaciones inundan tu cuerpo. Hazlo una vez más, luego relaja la mano y el resto de tu cuerpo. Tómate tu tiempo y relájate.

Espera más o menos un minuto, y luego prueba tu detonante. Cierra el puño y observa cómo las sensaciones se precipitan hacia tus sentidos. Vuélvelo a probar un par de minutos más tarde. Ahora ya puedes usar esta Actitud Realmente Positiva cada vez que quieras.

5

Los actos «hablan» más fuerte que las palabras

Las primeras impresiones son muy fuertes. Junto a las evaluaciones instintivas, también ponderamos las oportunidades relacionadas con casi todos los nuevos encuentros cara a cara.

Por mucho que lo intentemos, no podemos obviar el hecho de que la imagen y la apariencia son importantes cuando conocemos a alguien por primera vez. Vestir bien tiene mucho que ver a la hora de dar una impresión positiva cuando se comienza a establecer el entendimiento, pero ¿cómo lograr que la gente se muestre cálida contigo? ¿Y cómo puedes proyectar las partes amables de tu personalidad, propia y única?

Lenguaje corporal

Tu lenguaje corporal, que incluye tu postura, tus expresiones y tus gestos, son responsables en más del 50% de las reacciones del resto de la gente y de las suposiciones que ésta se formula.

Cuando la gente piensa en el lenguaje corporal, tiende a pensar que se refiere a lo que pasa de cuello para abajo. Pero mucho de lo que comunicamos a los demás —y de las suposiciones que puedan hacerse— procede de la parte superior al cuello. Los gestos faciales, las inclinaciones y los ladeos de la cabeza poseen un vocabulario que equivale o supera al de la parte situada por debajo del cuello.

Las señales que enviamos con nuestro cuerpo presentan una gran riqueza de significado, y suelen responder a un objetivo global. Algunas las llevamos con nosotros desde el nacimiento; otras las adquirimos de nuestra sociedad y nuestra cultura. En todas las partes del planeta, el pánico provoca un incontrolable gesto de proteger el corazón con las manos y/o una rigidez de las extremidades. Una sonrisa es una sonrisa en todos los continentes, mientras que la tristeza se expresa a través de unos labios caídos tanto en Nueva York como en Papúa-Nueva Guinea. Los puños cerrados de la determinación y las palmas abiertas de la verdad transmiten el mismo mensaje en Islandia y en Indonesia.

En todos los lugares de la Tierra las madres y los padres instintivamente acunan a sus hijos con la cabeza contra el lado izquierdo de su cuerpo, cerca del corazón. El corazón es el centro de todo. Las expresiones faciales y el lenguaje corporal obedecen en todo momento al magno propósito de ayudar a tu cuerpo a mantener el bienestar de su centro de sentimientos, estados de ánimo y emociones, es decir, tu corazón.

Se ha escrito mucho acerca del lenguaje corporal, pero en resumidas cuentas, esta forma de comunicación puede subdividirse en dos categorías más bien amplias: abierto y cerrado. El lenguaje corporal abierto deja al descubierto el corazón, mientras que el lenguaje corporal cerrado lo defiende o lo protege. A la hora de establecer el entendimiento, también podemos pensar en términos de gestos incluyentes y no incluyentes.

El lenguaje corporal abierto deja al descubierto tu corazón y tu cuerpo (sin salirse de los límites de lo decente, por supuesto), e indica cooperación, acuerdo, buena voluntad, entusiasmo y aceptación. Estos gestos se realizan para que la gente los vea. Muestran confianza. Dicen «¡SÍ!»

Tu cuerpo no sabe cómo mentir. Inconscientemente, sin que tú lo dirijas, transmite tus pensamientos y sentimientos en un lenguaje propio a los cuerpos de los demás, y dichos cuerpos entienden este lenguaje a la perfección. Toda contradicción en el lenguaje puede interrumpir el desarrollo del entendimiento.

En su obra ya clásica, *How to Read a Person like a Book,* («Cómo aprender a leer a una persona como si fuera un libro»), Gerard I. Nierenberg explica el valor de los gestos abiertos. Dichos gestos incluyen las manos abiertas y los brazos sin cruzar, así como el sutil movimiento ocasional hacia la otra persona que indica «estoy contigo» y muestra aceptación: un abrigo o una chaqueta abiertos, por ejemplo, dejan al descubierto de forma literal y simbólica el corazón. Cuando se usan juntos, dichos gestos dicen «todo va bien».

Los gestos positivos y abiertos del cuerpo llegan a los demás. Estos gestos suelen ser lentos e intencionados. Cuando una persona abierta establece contacto con el corazón de otra, se forma una conexión fuerte, y la confianza deviene posible.

(¿Conoces la sensación de un buen abrazo? ¿O de una conversación íntima?)

Cuando acabas de conocer a alguien, apunta inmediatamente tu corazón con calidez hacia el corazón de la otra persona. Es algo mágico.

Hay otros gestos abiertos, como mantenerse en pie con las manos en las caderas y los pies separados, una postura que muestra entusiasmo y buena voluntad, y echarse adelante en la silla (si se acompaña con otros gestos abiertos). Inclinarse hacia delante revela interés, y dejar de cruzar los brazos o las piernas señala que estás abierto a las sugerencias.

Lenguaje corporal cerrado

La actitud defensiva se traduce por gestos que protegen el cuerpo y defienden el corazón. Dichos gestos sugieren resistencia, frustración, ansiedad, intransigencia, nerviosismo e impaciencia. Son gestos negativos, y dicen «¡NO!».

Los brazos cruzados son un gesto común a todas las manifestaciones de defensa. Ocultan el corazón y defienden los sentimientos. Aunque es posible mantenerse relativamente relajado con los brazos cruzados, la diferencia entre una posición relajada de brazos cruzados y una posición defensiva de brazos cruzados depende de otros gestos colaterales. Por ejemplo, ¿tus brazos están doblados o apretados contra tu cuerpo? ¿Y las manos? ¿cerradas o abiertas?

A menudo los gestos defensivos son rápidos y evasivos, y escapan a tu control consciente. Tu cuerpo tiene una mente propia, regulada por tu actitud, positiva o negativa. Además de los brazos cruzados, los gestos defensivos más obvios consisten en evitar el contacto con los ojos de la otra persona y ladear el cuerpo. El hecho de moverse de forma agitada constituye otro gesto negativo, que puede mostrar asimismo impaciencia o nerviosismo.

Puedes observar enseguida la diferencia entre una persona que se te encara de forma franca y honesta y otra que se mantiene ladeada con los brazos cruzados y los hombros encorvados mientras estáis hablando. En el primer caso, la persona está apuntando de forma abierta su corazón directamente hacia el tuyo. En el segundo, la postura es defensiva; la persona está apuntando su corazón a otra parte, y lo está protegiendo. Uno se muestra abierto hacia ti, el otro cerrado. Encontrarse en presencia de estas dos posturas produce sensaciones muy distintas.

Gestos más sutiles

Los gestos de la mano también forman parte del vocabulario del lenguaje corporal. Pueden dividirse a su vez en gestos abiertos (respuestas positivas) y gestos cerrados o encubiertos (respuestas negativas), salvo cuando su alcance es mucho más intrincado y elocuente. Debería aclarar que los gestos individuales, así como las palabras individuales de esta página, no dicen mucho. Sólo cuando se presentan acompañados de otros gestos, acaso combinados con una expresión y coordinados con cierto lenguaje corporal global, podrás deducir que un determinado puño cerrado significa: «¡Estupendo, mi caballo está ganando!» y no «Estoy tan irritado que tengo ganas de pegarle un guantazo.»

En el lenguaje corporal que traduce la parte situada por encima del cuello se producen diferencias análogas. La cara abierta sonríe, establece contacto con los ojos, ofrece información, muestra curiosidad y levanta las cejas para mostrar interés. En un encuentro casual, una mirada rápida y una caída de los ojos significa: «Confío en ti. No te temo.» Una mirada prolongada afianza esta señal positiva. En una conversación, podemos ladear la cabeza al final de nuestra intervención para indicar que esperamos una respuesta.

En cambio, la cara cerrada frunce el ceño, aprieta los labios y evita el contacto con los ojos. Y aquí encontramos otra categoría negativa que sumar a las respuestas faciales. Cortésmente la llamamos cara neutral, o inexpresiva. Es la cara que te mira de forma estúpida como un besugo muerto. En el capítulo siguiente, encontrarás cómo reaccionar ante esta «no-cara», que puede ser muy desconcertante si no sabes cómo abordarla.

Frecuentemente repaso con la vista al público que me escucha y reconozco a gente que ha acudido otras veces a mis conferencias. Los reconozco porque tienen la «mirada de reconocimiento» en su cara cuando me ven. Es una mirada, o incluso una actitud, de callada anticipación de que en cualquier momento los reconoceré. Bueno, esta mirada puede funcionar de maravilla —de vez en cuando— con gente a la que no hayas visto nunca. Si estás solo, inténtalo ahora mismo. Deja tu boca levemente abierta en una sonrisa, al tiempo que tus cejas se arquean y tu cabeza se ladea un poco con anticipación mientras miras directamente a una persona imaginaria. Una variante puede ser inclinar la cabeza mientras desvías la mirada brevemente a otra parte y luego vuelves a mirar a la persona con un ligero atisbo de ceño fruncido y/o labios apretados. Practica. Luego inténtalo. Sé todo lo sutil que puedas.

La primavera pasada, alquilé un autobús para que mi hija

y sus amigos pudieran ir a celebrar el baile de graduación. Mientras estaba pagando en la oficina de alquiler, observé a una mujer que estaba sentada en el mostrador siguiente. En su mirada había algo que parecía indicar que me conocía, y me estrujé el cerebro para situarla. No pude.

Al final tuve que decirle: «Perdone, pero ¿nos conocemos?»

«No», replicó, muy seria. Luego se levantó de su mostrador, me tendió su mano y sonrió. «Hola, soy Natalie», dijo.

Me vi obligado a hablar primero, y ella hizo lo que educadamente debía. Se levantó, me ofreció su mano, sonrió y se presentó. Todo completamente inocente... ¿o no? No tengo ni idea. Pero hubo entendimiento, y logró que yo hablara.

COQUETEO

El clásico comportamiento de coqueteo implica hacer saber a alguien que te gusta y que te gustaría ir más lejos. No resulta sorprendente que el lenguaje corporal desempeñe un papel primordial en este juego, y todavía menos que también lo ejerza el contacto con los ojos. Se utilizan docenas de gestos sutiles para enviar mensajes sexuales: inclinar la cabeza, mantener el contacto con los ojos un poco más de lo normal, ladear las caderas y mesarse el cabello con las manos. Echar un vistazo de refilón es un gesto que puede sugerir duda en sí mismo, pero si se combina con una leve sonrisa y se cierran ligeramente los ojos constituye un poderoso gesto de coqueteo.

Un hombre envía sus señales cuando camina pavoneándose; una mujer, contoneando las caderas. Un hombre se afloja ligeramente la corbata; una mujer se humedece los labios. Poco a poco, los dos bandos van transmitiendo su interés por la otra persona a través de sus movimientos, miradas y posturas, hasta que un pequeño gesto sincroniza y envía el visto bueno.

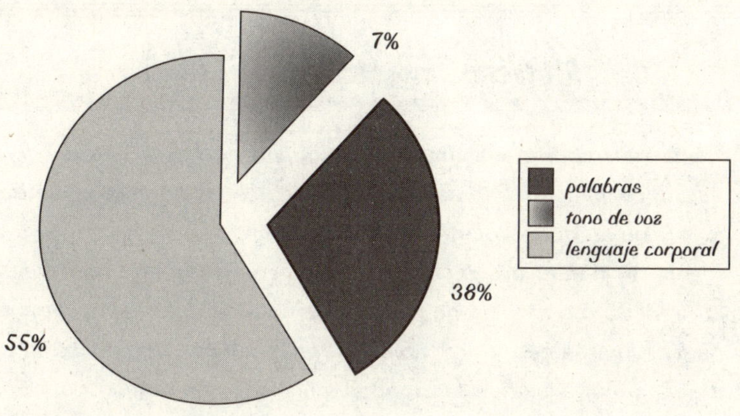

Congruencia

¿Por qué nos gustan los grandes actores y nos los tomamos en serio cuando sabemos que sólo están recitando palabras que otra persona ha escrito? Porque son creíbles; porque son congruentes.

En 1967, Albert Mehrabian, actualmente profesor emérito de psicología de la UCLA, sacó a la luz el estudio más veces citado acerca de la comunicación. Determinó que la credibilidad depende de la consistencia, o congruencia, de tres aspectos de la comunicación. En un texto titulado «Decodificación de la comunicación inconsistente», refirió los porcentajes de un mensaje expresado a través de nuestros distintos canales de comunicación de la siguiente manera: resulta interesante comprobar que el 55 % de nuestra respuesta se produce visualmente, el 38 % depende del sonido de la comunicación, y el 7 % incumbe a las palabras que utilizamos.

El profesor las llamó las tres «V» de la comunicación: visual, vocal y verbal. Y para que sean creíbles, deben expresar el mismo mensaje. Ésta es la auténtica base del entendimiento planeado. Más de la mitad del volumen de la comunicación es

MENSAJES HETEROGÉNEOS

Rosa, una camarera, dobla el anuncio que ha recortado de un periódico, despeja la mesa en la que colocará su nuevo ordenador y sale de su apartamento.

En la tienda de electrónica, mientras Rosa examina por encima el último modelo de ordenador de Megahype, un joven vendedor observa el anuncio en su mano y se le acerca. Desabrocha su chaqueta, extiende las manos, con las palmas hacia arriba, y le mira a los ojos. «Veo que ya lo ha encontrado —dice, sonriendo—. Hola, me llamo Tony.»

Durante los siguientes 10 minutos, un relajado y sincero Tony habla con Rosa. La aborda con las manos al descubierto y se inclina hacia delante de vez en cuando mientras especifica las prestaciones del ordenador. Rosa escucha con interés, con la cabeza ladeada y su mano en la mejilla, mientras Tony le ofrece «sumar al lote» 95 dólares de accesorios e incluso propone no cobrarle el impuesto.

Finalmente, acariciando su barbilla mientras toma una decisión, Rosa asiente. «Sí —dice—, es el modelo que me conviene.»

«Estupendo —dice Tony, frotándose las manos con entusiasmo—. Le rogaré espere cinco minutos mientras lo desmonto y encuentro una caja.»

Rosa mira a su alrededor y frunce el ceño. «¿No tiene ninguno nuevo en una caja?»

«Será difícil encontrarlo ahora mismo. —Las manos de Tony se vuelven puños, y los introduce en sus bolsillos—. Son una ganga tan magnífica que nos los han quitado de las manos.» Abrocha su chaqueta, se encoge de hombros y ríe nerviosamente.

«¿Así que éste es un modelo de muestra?» Rosa inclina la cabeza, inquisitiva.

«Lo acabamos de colocar esta mañana —replica Tony con una sonrisa poco sincera. Cruza los brazos frente a su pecho y se gira un poco, simulando distraerse con algo que sucede en la vecina sección de televisores. Su voz vacila y desfallece mientras asegura—: Tiene la misma garantía que uno nuevo.»

Rosa se frota un lado de la nariz, dubitativa. «¿Los montaron esta mañana? Estupendo. ¿Podría ponerlo por escrito?»

Tony da la espalda a Rosa mientras se inclina hacia el monitor, manoseando los cables... es decir, cualquier pretexto con tal de no mirarla. En un momento dado se ve a sí mismo reflejado en uno de los espejos de la pared. ¡Pero vaya, qué idiota he sido!, piensa. Se muerde el labio y se da la vuelta para mirar a Rosa.

Pero Rosa se ha ido.

Como buena camarera, Rosa está acostumbrada a leer el lenguaje corporal. Vio que los gestos del vendedor estaban en conflicto (eran incongruentes) con sus palabras, y supo que debía fiarse de dichos gestos. El cambio en el tono de voz de Tony, primero informando y luego suplicando, acabó de confirmarle sus sentimientos de duda.

no verbal. El aspecto de la comunicación, nuestro lenguaje corporal, es lo que cuenta más: nuestra manera de actuar, de vestir, de movernos, nuestros gestos, etc.

¿Necesitas pruebas? Piensa en la última vez que estuviste con alguien que tuviera sus brazos cruzados, diera golpecitos con los pies y mirara disgustada, y luego dijera, malhumorada, estas palabras: «Estoy muy bien.» ¿En qué indicio confiarías? ¿En las palabras o en el lenguaje corporal y el tono de voz? A menudo los mensajes físicos envían un mensaje mucho más potente que las palabras que se pronuncian. Teniendo en cuenta que el 55 % del proceso comunicativo se concreta en el lenguaje corporal, observa lo fácil que resulta, tanto si eres consciente como si no lo eres, señalar tanto una actitud abierta como una actitud defensiva a otra persona mediante tu lenguaje corporal. Los gestos, más que las palabras, son los auténticos indicadores de tus reacciones instintivas.

Si quieres que los demás crean que pueden confiar en ti, debes ser congruente. Tu lenguaje verbal y tu lenguaje corporal deben decir lo mismo. Si no es así, el cuerpo de la otra persona le señalará su incomodidad a tu cuerpo. Respondiendo a esta comunicación, tu cuerpo se lo señalará a tu cerebro confeccionando un cóctel químico que corresponde a la incomodidad que está sintiendo la otra persona. Luego *los dos* estaréis incómodos, y el entendimiento será mucho más difícil de conseguir. Cuando la gente observa una discrepancia entre tus palabras y tus gestos, confiará en los gestos y reaccionará de acuerdo con ellos.

En definitiva, la congruencia se produce cuando tu cuerpo, tu tono de voz y las palabras están alineadas. Y cuando tu cuerpo, tu tono y tus palabras comunican lo mismo, parecerás sincero y la gente tenderá a creerte. Por esta razón resulta tan importante una Actitud Realmente Positiva. Parecer sincero, o congruente, es un ingrediente clave a la hora de edificar la confianza que abre la puerta hacia la simpatía y el entendimiento.

Asegúrate de que tus palabras, tu tono y tus gestos están diciendo lo mismo. Intenta identificar la incongruencia en los demás. Observa cómo te hace sentir.

UN EJERCICIO DE CONGRUENCIA:

PALABRAS Y TONO DE VOZ

Di cada una de las siguientes frases con distintas tonalidades: cólera, aburrimiento, sorpresa y coqueteo. Observa de qué modo tu lenguaje corporal, la expresión de tu cara y la respiración se combinan para alterar tu estado emocional.

«Es tarde.»
«Ya tengo bastante.»
«Mírame.»
«¿Dónde naciste?»

Para verificar tu tonalidad, ponte de acuerdo con un amigo y dile un par o tres de estas frases. Comprueba si tu amigo puede decirte cuál de los cuatro sentimientos estás expresando. Si no le resulta evidente, insiste hasta que quede bien claro.

Todos hemos visto aquellas películas antiguas en las que una pareja circula a bordo de un coche, y el conductor va girando el volante, pese a que de fondo se ve una carretera que parece trazada con tiralíneas. Es ficticio, ya sabes que en realidad están en un estudio y que están sacudiendo la cabina en la que están sentados. Tus sentidos te habían dicho que había algo que no funcionaba, algo era incongruente, y por ello no podías creer lo que veías. ¿Nunca has visto a alguien enfadado contigo que, mientras te está pegando gritos, de repente emite una leve y siniestra sonrisa que desaparece tan rápido como ha venido? Te quedas pasmado. He aquí otro ejemplo de comportamiento incongruente. La sonrisa no se corresponde con la cólera; no es sincera.

Reconocer un comportamiento incongruente constituye otro instinto de supervivencia. Si estás de vacaciones y se te acerca un completo desconocido que te sonríe socarrón mientras se frota las manos enérgicamente, se lame los labios y dice: «Buenos días, ¿te gustaría invertir en el mejor negocio de todos los tiempos?», lo más probable es que te pongas en guardia. La comprobación rápida de congruencia es instintiva, lo cual explica una vez más que las primeras impresiones son primordiales.

Frecuentemente, las emociones y las intenciones de una persona no son comprendidas por sus allegados. Por ejemplo, una mujer, en uno de mis seminarios, descubrió que inconscientemente empleaba un tono de voz incongruente con sus palabras. «No, no estoy confundida, estoy interesada», insistía cuando la puse a prueba. Más tarde, dijo: «No, no estoy triste, estoy relajada.» Y así repetidamente, hasta que estuvo a punto de prorrumpir en llantos y dijo: «Ahora ya sé por qué mis hijos siempre me dicen, "mamá, ¿por qué siempre estás enfadada con nosotros?" Y *no* estoy enfadada con ellos. A veces, sólo algo agitada.»

La misma mujer también nos dijo que sus colegas de trabajo la acusaban de sarcasmo, pero para ella esta apreciación estaba bien alejada de la realidad. De hecho, el sarcasmo significa sencillamente que las palabras se dicen con un tono de voz conflictivo. Está codificado, por lo que la persona que recibe el mensaje creerá lo que le traduce el tono de voz. Supongamos que por tu culpa tu equipo pierde, y oyes a alguien que dice: «¡Qué gran jugador!», en un tono que comunica fastidio. La cosa cambia cuando marcas un gol fantástico y la misma persona dice, excitada: «¡Qué gran jugador!»

Así pues, la congruencia se rige por una regla inquebrantable, que es la siguiente: si tus gestos, tu tono y tus palabras no dicen lo mismo, la gente se creerá tus gestos. Dirígete a alguien que conozcas, aprieta los labios y di: «Me caes muy bien», levantando las cejas y doblando los brazos. Pregúntale qué piensa. Mejor todavía, ponte ante un espejo e inténtalo. ¿Qué tal? Ya ves a qué me refiero. Tus gestos delatan lo que sientes de verdad.

Ser uno mismo

¿Te pones nervioso cuando conoces a alguien por primera vez? Desde un punto de vista fisiológico, el nerviosismo y la excitación tienen mucho en común. El corazón se acelera, el vientre está revuelto, la respiración se centra en la parte alta del pecho y todo en general se agita. Pero uno de dichos estados puede provocar que salgas disparado hasta el rincón oscuro más próximo, mientras que el otro puede servirte a la perfección y te impulsa hacia delante. Existe una tendencia al pánico acompañada por una cierta agitación nerviosa, y ello provoca de forma absolutamente natural que las actividades corporales se aceleren. Dado que gran parte del nerviosismo procede de una consciencia amplificada, intenta reorientar una parte de tu consciencia para ralentizarte y actuar de forma más deliberada. Una técnica estupenda es la que consiste en imaginar que tus fosas nasales están justo debajo de tu ombligo, y que tus espiraciones e inspiraciones tienen lugar justamente allí. Cuanto más lento seas, dentro de lo razonable, más control aparentarás.

Cuanto antes comiences a decirte que estás excitado en lugar de nervioso, antes serás capaz de convencer a tu subconsciente de que así es como te sientes ahora. Y, de hecho, esto es, en realidad, lo único que importa. Cambia de actitud, y tu lenguaje corporal y tu tono de voz cambiarán para reflejar tu nueva actitud. Recuerda que la mayor parte de la gente está tan ansiosa como tú cuando conoce a alguien. Con toda generosidad te otorgarán el beneficio de la duda.

¡No exageres! En un estudio realizado en la universidad de Princeton, se preguntó a estudiantes de ambos sexos acerca de sus métodos de analizar a la gente a la que acababan de conocer. El entusiasmo excesivo era una de las respuestas más repetidas. No sonrías de forma exagerada, no intentes ser demasiado gracioso, no te muestres supercortés y evita la tentación de ser condescendiente.

Cuando te sientas más cómodo con tu actitud, la gente comenzará a observar características que son propias de ti, que te diferencian del resto de la gente y te definen como individuo. Proyectarás de forma fácil y natural las partes amables de tu personalidad propia y única, y tendrás un control más consciente y una mayor confianza en tu habilidad para crear entendimiento a tu voluntad.

Es prácticamente imposible ser incongruente cuando adoptas desde tu interior cualquier tipo de actitud, sea o no positiva. Dado que tu actitud te precede, constituye un componente esencial de la primera impresión que causas a la gente que te acaba de conocer.

6

A la gente le gusta la gente que se le parece

A mi vecino del otro lado de la calle le encanta pescar. También a sus dos hijos, que, por cierto, se parecen a su padre y caminan como él. ¡Esto sí que es un buen vínculo familiar! Yo no pesco, y ninguno de mis cinco hijos lo hace, pero compartimos el mismo sentido del humor. ¡Qué alivio! Mi tía escocesa es médico, y también su hija. Tienen la misma manera de pensar. ¿Otra coincidencia? El fontanero de mi pueblo procede de tres generaciones de fontaneros. La mujer que me vendió un enorme queso Gouda en el mercado del miércoles en Leiden, en las afueras de Amsterdam, trabaja junto a su madre y su hija. Visten de manera parecida.

¿Qué pasa en estos casos? ¿Acaso aflora aquí algún tipo de patrón? ¿Por qué se parecen tanto? Todos ellos han crecido con un comportamiento armonioso en varios niveles, físico y mental. Tienen sincronía.

Desde que tenía tres años, el hijo menor de mi vecino maneja una caña de pescar con gran respeto, exactamente como su padre. Se sienta de una determinada manera, como papá, y cuando ensarta el anzuelo, va mirando de reojo a su padre para ver si lo está haciendo como es debido: cierta expresión casi imperceptible le va diciendo que prosiga, otra le dice que vaya con cuidado, y otra más le dice que no, que no lo hace bien. El chaval utiliza sus instintos para aprender de su padre, y se deja guiar por la sutileza de las expresiones y el lenguaje corporal de su padre, a veces a través de su voz afable, alentadora. Ahora ya puede hacerlo, exactamente como su padre.

Sincronía natural

Aprendemos nuestras habilidades vitales a través de la guía y el entendimiento con los demás. Dado que continuamente estamos asimilando señales de nuestros padres, cónyuges, profesores, entrenadores, de la televisión, de las películas y de nuestro entorno, nuestro comportamiento se modula y organiza sincronizándonos con la conducta de los demás y ajustándolo con la información emocional que procede de ellos. De forma inconsciente, nos hemos estado sincronizando con la gente desde el nacimiento. Los ritmos corporales de un bebé se sincronizan con los de su madre. El estado de ánimo de un niño está influido por el de su padre, el juguete favorito de un niño se selecciona de acuerdo con los de sus compañeros, los gustos de un adolescente tienen en cuenta lo que está de moda, y las preferencias de un adulto se ven influidas por las de su pareja, los amigos y la comunidad.

Nos sincronizamos todo el día con quien nos rodea, continuamente. Avanzamos con ello, y no podemos existir sin ello. Siempre estamos influyendo en el comportamiento de las otras personas; cuando estamos con alguien, efectuamos minúsculos ajustes en nuestro comportamiento, y la otra persona hace lo mismo. En esto consiste la sincronía. Procesamos las señales de forma inconsciente y las transmitimos a los demás a través de nuestras emociones. Así vamos formando nuestras convicciones; así nos sentimos seguros. Así evolucionamos. Y por ello la gente confía en la gente que se le parece y se siente a gusto y cómoda con ella.

La gente contrata a gente que se le parece. La gente compra cosas a la gente que se le parece. La gente se cita con la gente que se le parece. La gente presta dinero a la gente que se le parece. Y así, hasta el infinito.

Tal vez hayas observado que conectas inmediatamente con ciertas personas desde el mismo momento de conocerlas, y que no te entiendes en absoluto con otras. O que cierta gente te ha producido desconfianza durante un momento. Se trata de algo que hemos experimentado, pero ¿te has parado a pensar por qué sucede? ¿Por qué, con cierta gente, sientes la confianza y la comodidad natural que nace del entendimiento? Intenta pensar en la gente que has ido conociendo durante la última semana en tu vida cotidiana. Rememora dichos encuentros y revívelos. ¿Qué había en la gente que te gustaba que te hacía parecerte a ellos? Existe una buena probabilidad de que compartierais algo, intereses, actitudes o maneras de actuar. La gente que se lleva bien suele tener cosas en común. La gente que comparte ideas similares, que tiene el mismo gusto musical o le interesa la misma comida, que lee libros parecidos o le gustan las mismas vacaciones, aficiones, deportes o lugares de veraneo, se sentirá inmediatamente cómoda, más que si no existieran estas cosas en común.

Cuando doy una conferencia, suelo escribir las siguientes palabras en una amplia pizarra:

¡ME GUSTÁIS!

Luego expongo brevemente, con otra frase, mi programa, mi manera de pensar, y les hago ver a los asistentes que ello sucede porque, tal como escribo a continuación:

¡SOY COMO VOSOTROS!

El hecho es que nos gusta la gente que es como nosotros. Estamos cómodos con gente a la que sentimos como familiar (¿de dónde crees que procede la palabra «familiar»?). Observa a tus amigos íntimos. Te llevas bien con ellos por la simple razón de que tenéis opiniones similares, tal vez incluso maneras similares de actuar. Desde luego, a menudo encontrarás un sinfín de diferencias y discrepancias, pero esencialmente eres como ellos.

La gente con intereses similares establece un entendimiento natural. Si compartes un interés por los deportes de motor con uno de los colegas de la oficina, ello puede constituir una base para el entendimiento. O acaso tienes un par de hijos pequeños y vas cada tarde al parque para encontrarte con otras madres que están en la misma situación; he aquí otra base para el entendimiento. Ya debes conocer el dicho: «Dios los cría y ellos se juntan»... En definitiva, la gente se siente cómoda cuando está rodeada de gente parecida a ella.

El entendimiento casual se produce de verdad no sólo en la superficie, sino también por debajo de ésta. Ideas compartidas, apariencia, gustos y circunstancias contribuyen al entendimiento. Quizá te sientas cómodo rodeado de gente que posee una voz expresiva y firme, o con gente sensible que habla suave y lentamente. Acaso disfrutes de la compañía de personas que comparten sus sentimientos cuando se comunican, o de otras que van directamente al grano y no se andan con rodeos. Cuando estableces un entendimiento casual, la otra persona ha crecido de manera parecida a ti mismo o ha desarrollado un estilo similar al tuyo.

El arte de sincronizar

Pero ¿por qué esperar que el entendimiento se produzca de forma natural? ¿Por qué no optar por sincronizar directamente con el comportamiento de los demás desde el mismo momento que los conocemos? ¿Por qué no invertir 90 segundos o menos de nuestro tiempo para establecer un entendimiento planeado?

Mira a tu alrededor en un restaurante, una cafetería, un centro comercial o cualquier otro lugar público en el que la gente se encuentre, e intenta observar quién «se entiende» y quién no. Las personas que se relacionan se sientan juntas de la misma manera. Observa cómo se inclinan el uno hacia el otro. Observa las posiciones de sus brazos y piernas. Los que se están relacionando están sincronizados casi como bailarines: uno levanta una copa, la otra le sigue; una se inclina hacia atrás, la otra hace lo mismo; uno habla bajito, el otro habla bajito. Y el baile continua: posición del cuerpo, ritmo, tono de voz. Ahora observa a las personas que claramente están juntas pero no están sincronizadas, y observa las diferencias. ¿Qué parejas o grupos parecen estar pasándoselo mejor?

Recientemente pronuncié una conferencia en un auditorio en Londres, y allí mismo, más o menos en la fila 10, había una bonita pareja. Ambos iban vestidos de forma inmaculada, con mucho cuidado por los colores y el detalle. Cuando los observé, estaban sentados en una posición idéntica, inclinados hacia la derecha con sus manos dobladas cerca de sus respectivos reposabrazos. Luego, como si respondieran a una señal previamente acordada, ambos trasladaron el peso de sus cuerpos hacia el otro reposabrazos, como nadadores sincronizados, asintiendo con la cabeza y sonriendo al unísono. Confirmaban todo lo que yo iba diciendo. Hablé con ellos más tarde, y me enteré de que llevaban 47 años casados; estaban feliz, satisfactoria, sana y totalmente sincronizados.

Así pues, nuestro objetivo es el de descubrir la estructura de la sincronía y modificarla para aplicarla a los distintos tipos de personas con las que nos encontramos. La clave para establecer el entendimiento es aprender cómo sincronizar lo que el profesor Mehrabian llamó las tres «V» de la comunicación humana coherente —visual, vocal y verbal— a fin de conectar con la gente a base de parecerse lo máximo posible a la misma.

Pero ello ¿no significaría que estoy siendo falso o poco sincero? No. ¡Recuerda que estamos hablando sólo de un minuto y medio! No te pido que planees un cambio total y permanente de tu personalidad. Todo lo que harás será sincronizarte con otra persona para que se sienta cómoda y de este modo acelerar lo que sucedería de forma natural si tuvieras más tiempo. La idea no es la de convertir tus movimientos, tu tono y tus palabras en copias obvias de la otra persona, sino más bien en hacer lo mismo que harías con un amigo.

En realidad, las habilidades para sincronizar no son más que un dispositivo para conectar con nuestra fuente de intercambios más importante: los demás. Dado que siempre nos sentimos atraídos hacia alguien, ya sea para obtener cooperación, para establecer intercambios emocionales o satisfacer nuestras necesidades físicas, sincronizar acelera nuestra unificación mental.

A menudo, cuando viajas por un país extranjero, el enchufe de tu secador o de tu máquina de afeitar no coincide con la toma, y necesitas un adaptador para que funcione, un dispositivo de conexión que te permita enchufar el aparato y utilizarlo. Sucede exactamente lo mismo cuando conectas con otras personas. Como el secador o la máquina de afeitar, debes poseer un adaptador. En consecuencia, piensa en la sincronía como un dispositivo adaptador que te permita establecer conexiones afables a voluntad y de inmediato. Sincronizar constituye una manera para que la otra persona se abra, se relaje y se sienta feliz contigo. Haz simplemente lo que él hace; te vuelves como la otra persona hasta que ésta piense, *¡No sé qué tiene esta persona, pero hay algo que me gusta de verdad!*

Piensa en la sincronía como si remaras con tu bote al lado de la barca de remos de otra persona, orientado en la misma dirección y a la misma velocidad, e intenta captar el paso, el pulso, el ritmo de la respiración, el estado de ánimo y el punto de vista de la otra persona. A medida que va remando, tú remas.

Una noche, hace pocos años, estaba sentado en el chalet de un club de esquí, esperando a que mis dos hijos menores llegaran de su sesión nocturna de esquí. De repente llegó un vecino, un abogado que se había mantenido en «tímidos» términos corteses con mi familia. Cuando vi que se acercaba, ajusté mi mente intentando poner en práctica una sincronía simple con él. De entrada decidí lo que quería (recuerda, saber lo que quieres) y que seguiría sincronizando hasta que él realizara un gesto definido de amistad. Esperé tranquilo y él me localizó. Nos encontramos en medio de la amplia sala.

«¿Qué hay?», dijo, con una escueta sonrisa mientras me estrechaba la mano.

Correspondiendo con el tono de su voz, sus gestos y la postura de su cuerpo, respondí: «¿Qué hay?»

Posó una mano en su cadera, y con la otra señaló la ventana del chalet. «Espero que acaben los niños.»

«Yo también —dije, reproduciendo sus gestos como un espejo—. Estoy esperando que acaben los niños.»

Sincronicé con él, con todo respeto, durante menos de 30 segundos de conversación normal e inocente. Luego, de improviso, soltó: «¿Sabe? Realmente no les vemos mucho, a usted y a su familia. ¿Por qué no vienen a cenar una noche?»

Fijamos la fecha inmediatamente. Casi podía leer lo que sucedía por el modo que tenía de torcer la boca. Estaba pensando, *Hay algo en este tipo que me gusta de verdad, pero no estoy muy seguro de qué es.* Obviamente, si no se hubiera sentido bien mientras yo le copiaba, nunca habría pronunciado la invitación.

Me aproximé a él con una Actitud Realmente Positiva de calidez que, incluso cuando estaba sincronizando, mantuve bastante cerca de la superficie. Me puse frente a él e inmediatamente adopté su postura global y empleé gestos y expresiones faciales similares. La parte vocal, su tono de voz y su velocidad, era fácil de reproducir. Y usé palabras semejantes. Parece más complicado de lo que resulta en realidad. Todo el proceso no duró más que unos segundos. Fue divertido y resultó agradable. Realmente quería conocerle mejor, y aquélla parecía la oportunidad perfecta. Estoy seguro de que ambos experimentamos la emoción que sólo la gente puede generar en la gente, la emoción de establecer nuevas conexiones. No hay nada en absoluto en este mundo tan excitante y gratificante que conectar y desarrollar un entendimiento que pueda llevarnos a una nueva amistad o relación.

¿Qué pasa con la gente complicada? A menudo me han preguntado qué se supone que se debe hacer cuando uno se encuentra con alguien que se presenta «envuelto» en una actitud defensiva: mandíbulas apretadas, los brazos cruzados de forma ostensiva o las manos hundidas dentro de los bolsillos. O la mejor manera para manejar a un fanfarrón, a una persona tímida, a alguien que se queje o a una persona arrogante o a alguien que sea demasiado agresivo. El propósito de este libro no es el de proporcionar instrucciones detalladas para tratar con gente complicada, pero he aquí algunas indicaciones.

La regla número uno cuando nos encontramos con una persona complicada es preguntarte lo siguiente: «¿Es realmente necesario que trate con esta persona?» Si la respuesta es no, entonces déjala sin molestarte. Si la respuesta es sí, pregúntate qué es lo que quieres. ¿Cuál es el terreno que deseas? Ello no significa preguntarse qué es lo que *no* quieres (¿te acuerdas de «SIC»?).

Cuando sincronizamos con «personas difíciles», es vital hacerlo en una actitud no amenazante. Una vez hayas conectado tu cuerpo y tu tono con los suyos, puedes empezar a «dirigirle» fuera de su terreno. Relaja los brazos y los hombros, y comprueba si él sigue tu movimiento; si no lo hace, regresa a tu posición original durante un minuto y vuélvelo a intentar después.

Una palabra acerca de la gente tímida: intenta identificar lo que le interesa. Sincroniza con sus movimientos corporales y su tono de voz y pausadamente lánzale un sinfín de preguntas abiertas (ver el capítulo siguiente) hasta que consigas un indicio de entusiasmo. Adopta su actitud, y luego, poquito a poco, sácale de ella. Inclínate o siéntate hacia delante y comprueba si lo hace; si no es así, regresa a tu posición original y sincroniza con cada pequeño detalle que puedas. Te sorprenderá lo bien que funciona este método.

EL FANFARRÓN

El señor Szabo, propietario de una amplia cadena de supermercados, es bien conocido en su mundo por sus maneras intimidatorias. Un día, convocó a los proveedores de tres marcas competitivas y bien reconocidas en el país para que se reunieran con él en una de sus tiendas. Condujo a los tres representantes hasta el pasillo en el que se exhibían sus productos y procedió a recriminarles todo lo que él consideraba deplorable de la presentación de sus productos. Mientras agitaba sus brazos hacia ellos, señalando lo que estaba mal, elevaba y volvía a bajar el tono de su voz, realizando pausas ocasionales para mirarlos fijamente de forma individual, e incluso clavándole el dedo en el hombro a uno de ellos, Paul. Al fin de esta diatriba, dos de los atemorizados individuos asintieron con la cabeza y se excusaron, lo cual proporcionó un suplemento de munición al señor Szabo para usarla contra ellos.

Desde el momento en que el señor Szabo comenzó su discurso, Paul sincronizó con los modos y las maneras generales de Szabo. Cuando le tocó responder a él ante el colérico comerciante, casi se convirtió en el señor Szabo, aunque de una manera completamente carente de tono amenazante. Usó gestos de los brazos, tonalidad, pausas y actitudes similares, e incluso clavó el dedo en el hombro del señor Szabo cuando le dijo: «Tiene usted toda la razón.»

Mientras iban hablando durante un minuto más o menos, Paul fue calmando sus propios gestos, y el señor Szabo hizo lo propio. Cuando terminó de hablar, el señor Szabo posó su brazo en torno al hombro de Paul y le condujo al fin del pasillo. Luego cogió por el cuello a uno de sus empleados y le dijo: «Denle a este hombre toda la ayuda que necesite.»

Paul se había integrado con éxito en el mundo del señor Szabo, y le había llevado de forma rápida, diestra y respetuosa a su propio terreno.

¿Cuándo empiezo a sincronizar? Intenta no dejar pasar más de dos o tres segundos antes de empezar. Recuerda la secuencia del capítulo 2: Ábrete (Actitud Realmente Positiva y lenguaje corporal abierto) - Corazón (apuntado hacia la otra persona) - Mira (sé el primero en el contacto visual) - Sé radiante (sé el primero en sonreír) - «¡Hola!» (preséntate) - Inclínate (indica interés cuando empiezas a sincronizar).

Todo lo que incrementa el interés común y reduce la distancia entre ti y la otra persona es bueno. Y la manera más rápida para llevarlo a cabo es sincronizar con el máximo de aspectos que puedas de la otra persona: adoptar la misma actitud, hacer los mismos movimientos y hablar de la misma manera.

Sincronizar la actitud

La actitud sincronizada —o la congruencia múltiple, si queremos llamarla por su nombre científico— depende del lugar y del estado de ánimo. Con frecuencia también es comprensiva, de apoyo, como cuando desafían a un amigo y tú «tomas partido» por él, o cuando un padre se implica hondamente en un problema de los deberes de escuela de su hijo, o cuando compartes el alborozo que tu pareja siente respecto a un ascenso. Cuando las personas «pasan juntas por las cosas», a menudo estarán sincronizadas con los suspiros primarios de desesperación o con los gritos de alegría.

Capta los sentimientos de las demás personas. Sincroniza con sus movimientos, su ritmo de respiración y expresión cuanto más profundamente te identifiques con ella. Sintoniza con el estado de ánimo global que te sugiere su voz y refléjalo.

OPTAR POR LA NATURALIDAD

Dave estaba buscando un regalo de cumpleaños para su esposa. Había reducido sus planes iniciales a dos ideas. Podía ser la ultimísima agenda electrónica o un cuadro para colgarlo en el comedor.

Dado el lugar en el que había aparcado el coche en el centro comercial, a Dave le resultaba más conveniente visitar primero la tienda de ordenadores. Por suerte, a media mañana la tienda no estaba demasiado llena. Dave se acercó al mostrador, donde había un vendedor con un vestido oscuro asintiendo con la cabeza y sonriendo. Hasta aquí, todo perfecto. Cuando el vendedor comenzó a explicar las diferencias entre los últimos modelos, levantó su pierna derecha y la dejó caer ruidosamente sobre un banquito que había por allí, cerca de él. Luego se apoyó enteramente sobre su rodilla derecha y prosiguió su explicación. De repente, Dave sintió unas ganas enormes de irse. No se trataba de que de repente dejara de sentirse interesado, sino sencillamente que la posición de fanfarrón, con la pierna levantada, estaba desincronizada por completo con su propia postura, y le incomodaba.

En la galería de arte la historia fue diferente por completo. Dave se detuvo ante una pintura que le llamó la atención y adoptó una postura contemplativa: el peso sobre una pierna, los brazos doblados pero con una mano en la barbilla, y un dedo curvado en torno a sus labios. Después de un minuto más o menos, se dio cuenta de que había alguien de pie junto a él y escuchó una voz suave y comprensiva que decía, simplemente: «Qué bonito, ¿verdad?»

«Sí, lo es», replicó Dave en voz pensativa.

«Hágame saber si puedo ayudarle», dijo la señora que estaba a su lado, y se retiró a otra parte de la galería.

Cinco minutos más tarde, Dave había comprado el cuadro. Le pareció la opción más natural.

Dave se sintió cómodo simplemente mirando la pintura. La mujer se había deslizado a su lado, adoptando el mismo lenguaje corporal que él, y «penetró» en la misma actitud. Había efectuado una conexión impecable poniendo en práctica una sincronía perfecta y sin esfuerzo: 55% de lenguaje corporal, 38% de tono de voz y 7% de palabras... las tres «V».

Sincronizar el lenguaje corporal

Como ya sabes, al lenguaje corporal le corresponde el 55% de nuestros procesos comunicativos. Constituye la característica más obvia, fácil y gratificante para sincronizar en tu camino hacia el entendimiento. Si pudieras obtener de este libro tan sólo la habilidad para sincronizar con el lenguaje corporal de la gente, te encontrarías a una gran distancia de donde estabas el mes pasado.

La sincronía del lenguaje corporal se puede hacer de dos maneras ligeramente distintas: *imitando*, lo cual significa hacer lo mismo que la otra persona (si mueve la mano izquierda, tú mueves la mano izquierda), y *reflejando*, que significa, como se puede deducir, moverse como si estuvieras mirando a la otra persona en un espejo (si mueve la mano izquierda, tú mueves la derecha).

Acaso pensarás: *Pero ¿la otra persona se dará cuenta de que estoy copiando su comportamiento?* En realidad no, a menos que la copia sea muy descarada. Recuerda, tus movimientos deben ser sutiles y respetuosos. Si alguien se hurga la oreja con el dedo y tú haces lo mismo, entonces claro, probablemente se dará cuenta. Pero cuando una persona está concentrada en una conversación, no captará una sincronía sutil.

Gestos particulares. Los movimientos de manos y brazos son especialmente fáciles y naturales de sincronizar imitando o reflejando. Hay tipos que levantan sus hombros cuando hablan; otros agitan las manos alrededor mientras se expresan. Haz lo mismo que ellos. Si en un principio te sientes incómodo, hazlo poco a poco hasta que con la práctica seas un sincronizador perfecto. El simple hecho de darte cuenta de estos distintos tipos de gestos es un gran paso para caerle bien a la gente en 90 segundos como máximo.

Posición del cuerpo. La postura global recibe el nombre de actitud del cuerpo. Muestra cómo se presenta a sí misma la gente, y es un buen indicador del estado emocional. Por esta razón a veces hablamos de «adoptar una postura». Cuando puedes adoptar minuciosamente la postura de una persona puedes hacerte una idea aceptable de cómo se siente.

Movimientos corporales globales. Tanto si estás efectuando una entrevista para un empleo o manteniendo una conversación con el conservador del museo, observa los movimientos corporales globales de esta persona, y luego delicadamente refléjalos o imítalos. Si tiene una pierna cruzada, cruza una pierna; si está inclinada hacia el gran piano de cola, hazlo también. Si está sentada de lado en el banquito, siéntate de lado; si está de pie con las manos en las caderas, hazlo tú también. Movimientos corporales como los de inclinarse o girarse pueden sincronizarse con facilidad.

Inclinaciones y ladeos de la cabeza. Son los movimientos de sincronía más fáciles. Los fotógrafos de moda saben que gran parte de la «sensación» de una instantánea magnífica procede de la «insinuación» creada por sutiles inclinaciones y ladeos de la cabeza. Desde luego, la cara es importante, pero los ángulos son los que transmiten el mensaje. Préstales una gran atención. Muchos buenos médicos y terapeutas se encuentran sincronizando inclinaciones y ladeos casi sin pensárselo. Con dichos movimientos están diciendo: «Te escucho, veo lo que me estás diciendo y me identifico contigo.»

Expresiones faciales. Junto a las inclinaciones y ladeos, las expresiones faciales sincronizadas muestran aprobación y comprensión. Se producen de forma natural. Cuando él te sonríe, tu inclinación natural también es la de sonreír. Cuando ella muestra sorpresa con los ojos abiertos, devuélvesela. Mira a tu alrededor en el próximo almuerzo o cena al que debas acudir, y observa que las personas que presentan un entendimiento más profundo se mueven al mismo tiempo. Se trata de una manera fácil, natural y de éxito seguro de caer bien a alguien en 90 segundos como máximo. Puedes imitar la misma intensidad y el mismo estilo de contacto visual. Puede ser fugaz, directo o recatado; sea como sea, cáptalo y devuélvelo de la misma forma.

Respiración. Presta atención a la respiración. ¿Es rápida o lenta? ¿Se produce en la parte superior del pecho, en la parte inferior o en el abdomen? Generalmente puedes decir cómo respira la gente mirando sus hombros o los pliegues de su chaqueta. Sincronizar con su respiración puede ser reconfortante para ellos.

Suelo enseñar a voluntarios que tratan con pacientes de cáncer cómo establecer una buena armonía con ellos en sus curas. La primera cosa que acentúo es ésta: espirar e inspirar con ellos. Luego, cuando hablan, lo hacen durante la espiración, lo cual provoca un efecto muy relajante.

Ritmos. Lo mismo puede aplicarse a cualquier cosa que presente un ritmo. Si da golpecitos con sus pies, da golpecitos con tu lápiz; si ladea la cabeza, da palmaditas en tu muslo. En circunstancias adecuadas y con una aplicación juiciosa, funciona siempre que se mantenga bajo el nivel de conciencia. Si no es así, el siguiente sonido que oirás puede ser una puerta cerrándose de forma violenta... o aún peor. Utiliza el sentido común y la discreción.

Sincronizar la voz

A la voz le corresponde un 38 % en la comunicación cara a cara. Refleja cómo se siente una persona; en otras palabras, refleja su actitud. La gente que está confundida *suena* confundida, y la gente que presenta una actitud de curiosidad *suena* curiosa. Puedes aprender a sincronizar con estos sonidos.

Tono. Observa las emociones que te llegan a través del tono de voz. Sintoniza con estas emociones, intenta sentirlas como propias y utiliza el mismo tono.

Volumen. ¿La otra persona habla con una voz queda o alta? El valor de sincronizar con el volumen no consiste tanto en hacerlo, sino más bien en lo que puede suceder si *no* lo haces. Si sueles hablar alto y eres naturalmente excitable, cuando encuentres a alguien que hable más bajo y sea más reservado, huelga decir que la otra persona se encontrará mucho más cómoda con alguien que hable en los mismos tonos suaves. Y viceversa, una persona enormemente habladora y jovial hallará amplios intereses comunes con alguien que irradie un grado de exuberancia semejante.

Velocidad. ¿La otra persona habla de prisa o despacio? Un individuo meditabundo, que hable despacio, puede sentirse completamente alterado o desconcertado por un hablador rápido, del mismo modo que un hablador lento y ponderado puede llevar a alguien que piensa más de prisa hasta el punto de distraerse. Hablar a la misma velocidad que otra persona tiene tanta importancia como caminar a la misma velocidad.

UN EJERCICIO DE SINCRONÍA:

LO QUE VALE Y LO QUE NO VALE EN LA SINCRONÍA

Para este ejercicio necesitas a dos personas más: A y B. A es el primero que actúa; B sincroniza con las acciones de A. Tú comenzarás siendo el director.

Sentados, de pie o caminando, A y B conversan casualmente sobre cualquier cosa. A hace un esfuerzo para moverse lo suficiente con el fin de proporcionar a B algunos movimientos corporales y gestos para sincronizar. En este punto, B deliberadamente deja de imitar los movimientos de A. Después de un minuto aproximadamente, dile a B que también empiece a sincronizar. Luego, después de otro minuto, haz que se interrumpa de nuevo. Finalmente, hazlos regresar a la sincronía antes de terminar.

Ahora alterna los papeles con A o B. Id haciendo rotaciones para que cada uno de vosotros adopte un papel diferente en el ejercicio. Compara las notas al fin de cada rotación. Los comentarios pueden ser algo parecido a lo siguiente: «Cuando rompí la sincronía, estaba como si hubieran levantado una enorme pared entre nosotros» y «Cuando paramos de sincronizar, el nivel de confianza cayó en picado».

También puedes probarlo a solas. Sincroniza con alguien durante un par de minutos, luego deliberadamente deja de imitar sus movimientos durante un minuto antes de volver a sincronizar. Haz una cosa o la otra según tu voluntad, y observa la diferencia; será tangible.

DIRIGIR

Cuando estás sentado hablando con un amigo, uno de vosotros puede cruzar una pierna y el otro puede hacer lo mismo sin pensarlo. Ello significa que uno de los dos está siguiendo la guía del *otro, lo cual constituye un signo seguro de que ambos os estáis entendiendo bien.*

Cuando seas ya un experto en la sincronía, podrás probar hasta qué punto se está produciendo el entendimiento. Después de tres o cuatro minutos, independientemente de lo que haya pasado antes y sin que la otra persona sea consciente de lo que estés haciendo, haz un movimiento sutil que sea autónomo respecto a tu sincronía: por ejemplo inclínate hacia atrás o cruza tus brazos, o bien ladea la cabeza. Si la otra persona te sigue, estáis sincronizados y mantenéis un buen entendimiento, y la otra persona se encuentra ahora, en su subconsciente, siguiendo tu dirección. Si tú ladeas la cabeza, ella también. Si tú cruzas las piernas, ella también. Cambia lo que estés haciendo —haz un movimiento, altera tu tono de voz— y observa cómo la otra persona te imita o te refleja. De esta manera puedes comprobar hasta qué punto existe entendimiento entre vosotros. Si la otra persona no sigue tu dirección vuelve a sincronizar con sus movimientos durante unos minutos y luego pruébalo de nuevo hasta que funcione.

Inflexión. ¿Acaso la voz sube y baja? La inflexión de la voz constituye una manera para cambiar el nivel de energía de alguien. Cuando incrementas la inflexión y el volumen, estás más excitado. Cuando los disminuyes, te tranquilizas, hasta llegar a la intimidad de un susurro.

Ritmo. ¿La voz fluye o es discontinua? Hay gente que tiene una manera melódica de hablar, mientras que otras personas poseen un estilo más pragmático y metódico.

Palabras. Existe un área todavía más poderosa que se puede sincronizar, el uso de las palabras preferidas de una persona. Nos ocuparemos de este mundo fascinante en el capítulo 9.

La sincronía te permite identificarte en profundidad con

el resto de la gente y conseguir una mejor comprensión acerca de dónde viene. Practica la sincronía en todas tus actividades, tanto si estás en una entrevista, en una parada de autobús, jugando con tus hijos, calmando a un cliente poco satisfecho, o hablando con el cajero en un banco, el florista o el camarero en el bar. Probablemente no te faltarán interlocutores. Conviértelo en una parte de tu vida durante los próximos días hasta que sin intentarlo ya te sientas un experto, es decir, hasta que se convierta en una segunda naturaleza para ti.

Tercera parte

Los secretos de la comunicación

7

Además de hablar, se tiene que escuchar

Bueno, entremos en materia... Acabas de conocer a alguien. Te has acordado de abrir tu lenguaje corporal y de procurar que tu cuerpo, tu tono de voz y tus palabras dijeran lo mismo. Has sido el primero en el contacto visual, y el primero en sonreír.

Te has presentado a ti mismo y, milagro, han pasado tres segundos y todavía te acuerdas del nombre de la otra persona. Has empezado a sincronizar, y ves con confianza cómo se va edificando el entendimiento. Y ahora ¿qué?

¡Ha llegado el momento de conversar! La conversación es una manera muy significativa de edificar un entendimiento y tejer los vínculos de la amistad. Se puede subdividir en dos partes igualmente importantes: hablar y escuchar o, como verás pronto, formular preguntas y escuchar activamente.

Seguramente te has encontrado en una situación en la que querías hablar con alguien pero de repente te quedaste con la lengua pegada, demasiado consciente de tus movimientos. O tal vez has sentido cómo tu estómago se encogía cuando te sentabas en un avión, junto a una persona de aspecto interesante, y no podías encontrar el modo de comenzar a hablar sin sentirte autoconsciente. *¿Qué pensarán de mí? ¿Soy aburrido? ¿Me estaré entremetiendo?* Y lo más importante: *¿Cómo empezaré?*

La idea básica es que hable la otra persona, así que debes encontrar cualquier aspecto inherente a su manera de actuar para sincronizarte con ella. Estamos en el reino de las conversaciones lacónicas, el terreno de juego del entendimiento. Aquí es donde debes buscar intereses comunes y otros puentes para entenderte. Mientras que las largas conversaciones pueden tratar de temas como el desarme nuclear o la política, la conversación breve es algo más: tu página web, la renovación de tu cuarto de baño, una multa por exceso de velocidad o el color del nuevo coche deportivo de tu prima Marisa.

¡Para de hablar y comienza a preguntar!

La conversación es el modo que tenemos de que la gente se abra para ver qué hay en su interior, o bien para enviar un mensaje. Y las preguntas son las bujías de la conversación. No obstante, debes saber que hay dos tipos de preguntas: las que abren a la gente y las que la cierran. Las preguntas funcionan con increíble facilidad, y los resultados están virtualmente garantizados, así que debes asegurarte de qué tipo de pregunta haces.

Aquí está la diferencia. Las preguntas abiertas requieren una explicación, y de esta manera precisan que sea la otra persona la que hable. Las preguntas cerradas producen un «sí» o un «no» como respuesta. El problema con las preguntas cerradas es que una vez has obtenido la respuesta, te encuentras en el punto de partida y tienes que pensar otra pregunta para mantener cierta apariencia de conversación.

Una fórmula simple para arrancar una conversación: empieza con una afirmación acerca del lugar o de la ocasión, y luego formula una pregunta abierta.

Anteponer una afirmación abierta a una pregunta abierta resulta una buena idea. El mejor tipo de afirmación para inducir el entendimiento está vinculado con algo que ya tienes en común con la otra persona: la reunión o la fiesta a la que habéis acudido, cualquier acontecimiento atractivo... incluso el tiempo puede ser un buen recurso. La denominaremos afirmación de lugar/ocasión. Por ejemplo: «Qué sala más elegante.» «Fíjate cuánta comida.» «El servicio era estupendo.» «Mi mujer se sabe de memoria algunas de tus composiciones para piano.» «Nunca llegó a saber qué le había golpeado.» Y otras frases por el estilo.

Luego llega la pregunta abierta: «¿De dónde crees que puede haber sacado estos floreros?» «¿Cuánto hace que le conoces?» El hecho de que tu pregunta sea abierta garantizará que inmediatamente recibas información.

Usa palabras que «abran». Una buena conversación es como un pausado peloteo de tenis, con palabras lanzadas a uno y otro lado durante tanto rato como exista mutuo interés en que suceda. Cuando las palabras se salen de la pista, se debe servir de nuevo. Una pregunta abierta equivale a un servicio certero.

Las preguntas abiertas comienzan con una de las siete palabras generadoras de conversación: *¿Quién? ¿Cuándo? ¿Qué? ¿Por qué? ¿Dónde? ¿Cómo? ¿Cuál?* Estas palabras invitan a dar una explicación, una opinión o un sentimiento: «¿Cómo te enteraste?» «¿Quién te lo dijo?» «De dónde crees que procede esta información?» «¿Cuándo llegaste a esta conclusión?» «¿Por qué debería interesarme?» «¿Cuál es la utilidad de dichas palabras?» Nos ayudan a la hora de establecer entendimiento y realizar conexiones, porque obligan a la otra persona a empezar a hablar y a abrirse.

Puedes apoyar estos generadores de conversación añadiendo verbos sensoriales específicos (ver, decir), de opinión (parecer, opinar) o de localización (encontrar). De este modo, estás pidiendo a la persona que busque dentro de su imaginación y te transmita algo personal. «¿Dónde *te encontrabas* en esta época el año pasado?» «*Dime* por qué te decidiste por Bali para ir de vacaciones.» «¿Qué te parecen los calamares?»

Evita las preguntas que «cierran». Estas preguntas te harán sentir como si en lugar de estar peloteando en una pista de tenis jugaras solo en un frontón. Lo contrario de las palabras abiertas son las preguntas que pueden responderse con «sí» o «no», y te cierran las puertas a una conversación inductora de entendimiento. Después de una pregunta de este tipo tienes que formular otra. Todo ello te lleva a ninguna parte:

«¿Estás seguro?»

«Sí.»

«¿Vienes a menudo?»

«No.»

«¿Se te ha ocurrido alguna vez lo maravilloso que sería dejarlo todo e irse a hacer puenting a media tarde?»

«Sí.»

«¿Te has ido dando cuenta de que por muy largas e interesantes que sean tus preguntas, si no comienzan con las palabras que "abren" siempre acabarán conduciéndote a una respuesta de una sola palabra?»

«¡Vaya!»

Durante un día entero, no hagas más que preguntar y responder a las preguntas con otras preguntas. Para distraerte, formula sólo preguntas abiertas. Pronto captarás la idea.

En honor a la verdad, las preguntas «que cierran» tienen su propia importancia: la policía, los funcionarios de aduanas y ciertas personas más están entrenadas a usarlas para obtener respuestas «directas». De todos modos, me gustaría recordar a todas aquellas personas que han tenido el placer de encontrarse con este tipo de «conversación» que probablemente no habrán establecido entendimiento en 90 segundos o menos...

Encuentros casuales

Existen momentos en los cuales te ves obligado a encontrarte en presencia de alguien que simplemente pasaba por allí. Estos momentos deliciosos parecen coincidir con el segundo exacto durante el cual tu mente se queda pasmada y te crees lelo: *¡Socorro! ¿Qué digo? ¿Qué hago? ¿Adónde miro? ¿Qué pensará la gente?* Mantente en esta línea de autocuestionamiento y enseguida te entrarán los sudores, el corazón empezará a palpitar, te ruborizarás y mostrarás un lenguaje corporal torpe.

Lo más fácil de estas situaciones se produce cuando ambos os encontráis en la misma posición, impulsados a encontraros mutuamente: sentados juntos en un tren, un avión o un autobús; subiendo en un ascensor; esperando en la lavandería o en el vestíbulo de un hotel; trabajando en casetas adyacentes en una feria comercial; o bien comprobando la fruta para ver si está madura en el mismo mostrador del supermercado vecino. En estas situaciones, ya tienes un punto mínimo en común sobre el que empezar a trabajar.

«Hola», «¿Qué hay?» y «Buenos días», acompañados de una sonrisa, siempre resultan buenas maneras de comenzar, estupendas para conseguir reciprocidad. Que te devuelvan la sonrisa constituye un buen indicio de que te encuentras en el buen camino. Mantente sencillo y sin imponerte, cortés, feliz y radiante. No te muestres demasiado cercano o personal, o bien te verás excluido del posible entendimiento. Quieres que la gente le diga a sus amigos: «Esta mañana conocí a aquel tipo, realmente estupendo», y no «Aquel molesto pervertido intentó golpearme».

Una vez estés seguro de que la otra persona está respondiendo de forma favorable a la interacción, puedes intentar ciertas líneas de apertura específicas. No resulta sorprendente que una línea de apertura funcione mejor si es una pregunta abierta, pero acaso no siempre será posible encontrar algo que suene natural. A veces es necesario comenzar con una pregunta cerrada o una afirmación de lugar/ocasión: «¿Sabe a qué hora cierra esta sucursal?» o «Vaya, bonita tormenta». Luego asegúrate de que tienes una pregunta abierta preparada para proseguir, en caso de que como respuesta obtengas un sí o un no.

Bajo estas líneas encontrarás algunos ejemplos de «abridores» una vez hayas saludado o intercambiado sonrisas. *Antepón a todas ellas una afirmación de lugar/ocasión.*

En cualquier parte

¿De dónde eres?

No he estado nunca allí, ¿qué tal es?

¿Cómo has venido a parar aquí?

En un tren, un avión o un autobús

¿Cuánto dura el viaje hasta Burdeos/Cambridge/Mallorca?

¿De dónde eres?

¿Siempre has vivido allí? *Si es que sí, intenta:* Nunca he estado allí. ¿Qué tal es? *Si es que no:* ¿En qué otros sitios has vivido?

¿Durante cuánto tiempo viajarás?

¿Qué te parece la Renfe/Alitalia/la nueva línea de autobuses regionales?

Un detalle interesante: cuando los estadounidenses conocen a alguien tienden a preguntar: «¿Qué haces en la vida?», mientras que los europeos prefieren: «¿De dónde eres?»

En el supermercado

Si os encontráis los dos de pie haciendo cola para la pescadería, contemplando los paquetes de pasta o comprobando el estado de los aguacates, ya tenéis algo en común.

¿Te parece que hay suficientes mejillones en esta bolsa para dos personas?

¿Puedes decirme qué diferencia hay entre la pasta fresca y la empaquetada?

¿Cómo puedo saber si esto está maduro?

¿Sabe dónde guardan las bolsas para los artículos?

¿Has probado alguna vez este tipo de salsa/postre helado/ setas? *Si es que sí:* ¿Qué sabor tiene?/¿Qué tal es? *Si es que no:* ¿Me recomiendas otro tipo?

¿Cuánto tiempo se tiene que poner en el horno un pollo de esta medida?

He olvidado coger pulpo escabechado. ¿Podría usted guardarme el sitio en la cola? *(Esto puede ser ideal para romper el hielo, porque así tienes una excusa para charlar cuando vuelvas, aunque sólo sea acerca del pulpo. Sin embargo, no te vayas mucho rato, o podrías incomodar a la otra persona.)*

En un hotel o un complejo hotelero

¿Sabe dónde puedo conseguir un mapa?

¿Te habías alojado ya alguna vez en este hotel? *Si es que sí:* ¿Qué tal es? *Si la respuesta es no:* Yo tampoco. ¿Por qué lo elegiste?

¿Conoces bien la ciudad? *Si la respuesta es sí:* Sólo puedo quedarme un día. ¿Qué crees que no debo perderme? *Si es que no:* ¿Qué te ha traído aquí?

En una convención

¿De dónde eres?

¿Qué seminarios te han interesado más?

¿Conoce usted algún buen restaurante fuera del hotel?

¿Qué te parece el conferenciante principal?

Voy a por un café. ¿Le traigo uno?

(Nota: Esta táctica funciona en incontables situaciones como una manera de sondear el nivel de interés de la otra persona. Generalmente, si no está interesada, rechazará tu oferta. Si acepta, a menudo significa que quiere establecer a su vez una interacción.)

En la lavandería

¿Sabe dónde puedo conseguir cambio?

¿Sabes dónde puedo comprar sellos/zumo de naranja/comida para gatos?

Voy a por un café. ¿Te traigo uno? *(Ver el párrafo anterior.)*

¿Es realmente importante no mezclar la ropa blanca con la de color?

En la cola de un cine/de un teatro/de un concierto

¿Dónde te enteraste de esta película/obra de teatro/concierto?

¿Has venido para ver a Neve Campbell o a la otra actriz? ¿Cómo se llama?

¿Qué te pareció la última película de este actor/la última obra de teatro de este autor/el último CD de este cantante?

En una cola larga: ¿Puedes guardarme el sitio mientras voy a por un café? ¿Quieres que te traiga uno?

En una exposición/museo/feria de muestras/parque de atracciones

Vaya, ¿qué te parece *esto*?

¿Sabes dónde están las locomotoras antiguas?

¿Cuál es tu sección/estilo/atracción favorita?

¿Has visto ya la calabaza gigante?

Paseando al perro o viendo cómo la gente pasea al suyo

Es encantador. ¿De qué raza es?

Bonita correa. ¿Dónde la compraste?

¿Qué aspecto tienen los chihuahuas?

Un consejo: Los propietarios de perros a menudo acaban relacionándose en los lugares públicos, pero no te compres un perro a menos que te encanten realmente los animales...

Topándote con alguien que te es familiar pero con quien nunca te atreviste a hablar

¿Qué hay?, tengo un par de entradas para una obra de teatro/el circo/un recital, y me preguntaba si te gustaría venir conmigo.

Hola, estoy realmente nervioso, pero me encantaría invitarte a un café.

En todas estas situaciones, otorga a la otra persona unas tres posibilidades para interactuar. Si después de tres preguntas o comentarios, está claro que no responde de forma entusiasta, no te lo recrimines. Líbrate del asunto con gracia diciendo algo simple: «Que pases un buen día», «Disfruta del espectáculo», «Que disfrutes del resto de tu vuelo/viaje/vacaciones», o cualquier otra cosa resultará apropiada.

Realmente resulta fácil obtener información de un extraño. Ello no significa enterarse del número secreto de su tarjeta de crédito. Significa saber el nombre, los intereses, la situación personal y otras cosas de esta persona. Como verás, casi todo el mundo se anima enseguida a dar este tipo de información si se le pregunta de la forma apropiada.

De hecho, la gente tiende a seguirte en tu táctica a la hora de ofrecer información. Por esta razón debes decir tu nombre primero. Y cuanto más des, más darán ellos.

Si dices: «Hola, soy Carlos», lo más probable es que te digan: «Hola, soy Paul.»

Si empiezas diciendo: «Hola, soy Carlos García», es presumible que te digan: «Hola, soy Paul Tanaka.»

Y si comienzas diciendo: «Hola, soy Carlos García, soy amigo de Gail», es muy posible que Paul responda de la misma manera: «Hola, soy Paul Tanaka, y trabajo con el marido de Gail.»

Cuando añades informaciones a tu nombre, la gente tiende a responder del mismo modo, porque les brindas la oportunidad de hacerlo. Si no responden, al menos puedes intentar levantar la situación. Saben lo que quieres, así que anímalos un poquitín. Levantar las cejas o bien soltarles: «¿Y tú?» puede estimularlos.

La idea es la de recoger el máximo posible de información, proporcionando primero información acerca de ti mismo. Puedes usarla para ampliar y profundizar el entendimiento. Es algo a lo cual hincar el diente, que te permitirá coger algo más de ímpetu.

PISTAS DESAPROVECHADAS

Mike llega a la estación de tren cinco minutos antes de lo normal. La mañana es suave y brumosa, y hay unas 20 personas más en el andén. La mayor parte de los viajeros habituales aún no ha aparecido. Mike dobla su periódico bajo el brazo, remueve su café con una cucharilla de plástico y luego se da la vuelta y encesta la cucharilla con éxito en una papelera que hay detrás suyo. Mientras se dirige hacia su sitio, observa a una joven de cabello castaño rojizo que lleva un traje chaqueta gris oscuro y que camina delante de él. La mujer se detiene unos tres metros más allá y se sienta en un banco. Luego posa cuidadosamente su cartera a su lado y mira el reloj.

Mike lanza una mirada de reojo hacia ella, cerrando a medias los ojos y apretando los labios levemente, en actitud de reconocimiento. Se ha encontrado con este tipo de situación casi más veces de las que puede recordar: observando a alguien, deseando acercarse y sin embargo, asustado ante la perspectiva de establecer una conexión. Esta vez, se recuerda a sí mismo que todo lo que quiere hacer es iniciar una conversación y lograr que sea la mujer la que hable. Su objetivo no es concertar una cena para esta noche, ni irse de vacaciones con ella el próximo sábado, ni casarse con ella a fines de mes. Sólo intercambiar unas pocas palabras para ver si quiere mostrarse amigable. Y dice lo más obvio que se le ocurre:

«Hola, ¿le molesta si me siento aquí?»

La mujer se mueve ligeramente hacia su izquierda. «No, no me importa», murmura, y Mike se sienta.

«Nunca la había visto en la estación», dice.

«Es la primera vez que vengo —contesta ella—. Hoy comienzo a trabajar en una agencia de publicidad, en la ciudad.»

«El tren está bien lleno a esta hora —dice Mike—, pero pese a todo a veces se encuentra sitio.»

Mike ha echado a perder la información de que dispone. Primer día, agencia de publicidad. Podía haber insistido en el tema y lanzar los términos que desencadenan una conversación: dónde, qué, por qué, cuándo, quién, cuál y cómo. ¿Qué trabajo tendrá que hacer? ¿Quiénes son sus clientes principales? ¿Dónde está la agencia? ¿Cómo consiguió el trabajo?

Bueno, intentémoslo desde el punto de vista de la mujer:

Dorita, una diseñadora de páginas web, está caminando a lo largo del andén y ve a un hombre atractivo aunque de aspecto más bien cansado, sentado en un banco. Se sienta a su lado y observa que está leyendo la última novela negra de P. D. James. ¡P. D. James es su autora favorita! Él le sonríe mientras ella se sienta, y sabiendo que tienen ese libro en común, ella le devuelve la sonrisa.

Pero el hombre ha vuelto a enfrascarse en la lectura. Dorita decide tirar adelante.

«¿Te gusta P. D. James?»

«No mucho —dice el hombre—. ¿Puedes creer que ésta es tan sólo la segunda novela negra que leo en mi vida?»

«¿Y cómo es eso?»

«No tengo mucho tiempo para leer. Soy médico residente en un hospital, en el centro.»

«Ya veo; yo he leído todos sus libros. Es mi autora favorita de libros de misterio. También me encanta Dick Francis.»

¿Qué respuesta puede esperar Dorita? Lo último que ha salido de su boca es una serie de afirmaciones, no de preguntas. Dorita estaba sobre la pista con su segunda pregunta, una pregunta de «por qué», pero luego ha ignorado la información que le ofrecía Joel. En lugar de ello,

ha empezado a hablar de sí misma. Si hubiera escuchado con más atención, habría seguido preguntando: «¿Qué hospital? ¿Qué especialidad ejerces? ¿Por qué elegiste esta especialidad?» Es decir, el «dónde», «qué» y «por qué» que los habría conducido a una conversación inminente.

Escucha activa

Escuchar es la otra cara de la moneda de la conversación. Como buen oyente activo, debes demostrar que estás realmente interesado en la otra persona. La clave para convertirse en un oyente activo reside en un esfuerzo sincero por absorber lo que la persona está diciendo y sintiendo.

Escuchar no es lo mismo que oír. Puedes *oír* un violonchelo como parte de una orquesta, pero cuando estás *escuchando* activamente este mismo violoncelo, estás enfocando conscientemente cada nota y absorbiendo la emoción.

La escucha activa es un intento activo de captar y entender los hechos y los sentimientos subyacentes de lo que se está diciendo. No significa que tengas que proporcionar tu opinión y sentimientos, sino que estás ahí para sentir la máxima empatía posible. Puedes mostrar hasta qué punto comprendes proporcionando la información de retorno apropiada. Escucha con los ojos. Escucha con el cuerpo. Ladea la cabeza. Mira a la persona. Mantén una postura abierta y predispuesta. Anima a la otra persona verbalmente.

En este punto es preciso establecer una distinción entre dos escuelas de escucha: la de las «frases de loro» y la «activa». Formular frases de loro, o parafrasear, implica devolver una versión más o menos minuciosa de lo que la otra persona acaba de decir.

Paul: «¿Cómo te ha afectado el terrible tiempo que estamos padeciendo?»

Cathy: «Me encantan estas olas de calor, pero el chico con el que estoy saliendo me está amenazando de que se irá a Alaska sin mí, y me parece que ahora la cosa va en serio.»

Paul: «Me parece que, aunque te encanten las olas de calor, deberías trasladarte a Alaska si quieres permanecer junto al chico con el que estás saliendo.»

La escuela de escucha activa significa responder a los sentimientos:

Paul: «Me parece que tienes que tomar grandes decisiones. ¿Va a representar un trastorno para ti? ¿Cómo lo llevarás?»

En pocas palabras, con las «frases de loro» sólo parece que estés escuchando, mientras que con la escucha activa la gente *siente* que estás escuchando y *siente* que les importas.

Proporciona mensajes orales de retorno. Penetra en lo que dice la persona. Este tipo de información de retorno abarca desde lo que podríamos denominar «Suspiros primarios» y «Gruñidos Internacionales», como «Oh», «Ajá» y «Mmm» (como podrás imaginar, resultan difíciles de demostrar en un libro) hasta las reacciones como «¿En serio?», «¿Y luego» y «No puede ser cierto. ¿Y ella qué hizo?». Todo tipo de palabras de ánimo es bienvenido en una conversación, pues sirve para que la pelota siga en juego y muestra que estás escuchando, aunque no hables mucho.

Proporciona mensajes físicos de retorno. Emplea un lenguaje corporal abierto y alentador. Asiente con la cabeza y emplea toda tu energía de contacto visual, pero no claves tu mirada. Mira a otra parte, pensativo (mirar las manos de vez en cuando da una impresión de participación). Si estás sentado en una silla, muévete hasta el borde frontal de tu asiento y mira de forma interesada y entusiasta. Si estás de pie, apunta tu corazón hacia la otra persona, asiente de vez en cuando, y mira con aire pensativo, sorprendido o divertido, o del modo que tu Actitud Realmente Positiva te inspire, a fin de proporcionar una respuesta apropiada a lo que dice la otra persona.

Dar y recibir

Con la práctica, la conversación fácil y natural se convertirá en una segunda naturaleza para ti. He aquí algunos consejos a tu alcance para que te entrenes, te desarrolles y vayas mejorando. En primer lugar, como siempre, adopta una Actitud Realmente Positiva. Sé curioso y muestra atención hacia los demás. Anímalos a hablar contigo proporcionándoles mensajes de retorno sinceros. Trabaja para encontrar intereses comunes, objetivos y experiencias, y comunica con entusiasmo, conocimiento e interés.

Resulta inútil hacer lo mismo una y otra vez y esperar resultados distintos.

Al mismo tiempo, no pierdas de vista tu propio objetivo en la conversación. Habla de forma clara y deliberada. Ralentizar el ritmo de tu discurso te hará sentir más confiado, así como desplegar un sentido del humor comedido. Estar al tanto de los acontecimientos corrientes y los temas que afectan a nuestra vida te será de ayuda, por lo que no está de más leer a diario el periódico para saber lo que pasa en el mundo, al menos en cuanto a los temas más importantes. En mis conferen-

HABLAR EN COLOR

Toda conversación, sea larga o corta, significa pintar con palabras las imágenes de tus experiencias con el resto de la gente. Si eres capaz de transmitir con viveza estas experiencias, la gente creerá que eres mucho más interesante.

Veamos una descripción típica de un acontecimiento cotidiano:

«Hicimos cola para coger el tranvía más de 20 minutos. Yo estaba más que harto.»

En esta descripción no hay nada que despierte la imaginación de la otra persona. En lugar de hablar en blanco y negro, aprende a hablar en color. Implica tantos sentidos como puedas en tu conversación. Describe qué aspecto tenían las cosas, cómo sonaban, cómo te hacían sentir y, si es posible, qué olor y sabor desprendían:

«Era divertido estar de pie allí, en silencio, entre todas aquellas personas. Acababa de parar de llover, y el cuello de mi camisa estaba empapado. Las luces de los edificios se reflejaban en los charcos, y el vendedor de salchichas, detrás nuestro, lo estaba escurriendo todo...»

Éste es un lenguaje rico desde el punto de vista sensorial, y la imaginación —la tuya y la de los demás— disfruta con ello.

cias pido a los participantes que preparen su propio «anuncio de 10 segundos». En realidad, no es más que una manera de decir a los demás quién eres y qué haces a través de unas pocas frases cortas.

Sé tú mismo. Gustarás a la gente por lo que eres. Cuanto más aprendas a relajarte, más fácil te resultará.

Acepta todos los cumplidos con cortesía. Hazlo con sencillez, directamente. Evita la tentación de ser demasiado modesto o de autoanularte. La palabra estándar para responder a un cumplido es «Gracias». Luego, si optas por convertir el cumplido en parte de la conversación, prosigue y hazlo. Un cumplido con su consiguiente respuesta, interesante pero poco afortunada, podría ser como lo que sigue:

«Marion, qué bonita falda. Se nota que te la han hecho a medida.»

«Gracias, pero la compré por mil pesetas en una tienducha de segunda mano.»

Una respuesta más simple y capaz de propiciar el entendimiento en mayor medida podría ser: «Gracias, me alegro de que te guste.» El reconocimiento a un cumplido semejante puede mostrarse mediante el contacto visual, una sonrisa y un tono agradable de voz.

Los cumplidos son estupendos mientras sean sinceros. Los cumplidos exagerados o falsos destruyen la credibilidad y ponen en peligro cualquier entendimiento que pudiera haberse establecido. La lisonja barata, los clichés usados y los comentarios contemporizadores huelen a falta de sinceridad, y pueden ser insultantes. En cambio, una expresión honesta de alabanza puede reforzar la confianza en ti mismo, e incluso elevar el entendimiento hasta un nivel más personal y que surja del corazón.

Si percibes algo bueno o interesante en alguna persona, o una actuación encomiable, un cumplido estará justificado. Evita palabras generales como «bonito», «bueno» y «genial». «Bonito traje» es una frase que no mata. «Realmente, el azul te queda de maravilla» está mucho mejor. «Eres una buena persona» sue-

UN EJERCICIO DE TONALIDAD:

EFECTOS DE SONIDO

Tu tono de voz le dice a la gente cómo te sientes, y una tonalidad agradable puede influir de forma positiva en su manera de responderte. La tonalidad agradable se produce cuando tu voz procede de lo más profundo de tu cuerpo, de tu abdomen. Es profunda, rica y capaz de contagiar, comparada con una voz monótona o un rebuzno chillón.

Para mejorar tu tonalidad, practica respirando y hablando desde tu abdomen. «La respiración del vientre», con la que empleas los pulmones al máximo, es la manera más tranquila y saludable de respirar. Respirarás con mayor lentitud y con menos estrés. Compárala con la respiración torácica, que es el modo de respirar de un 60% de la población. La respiración torácica es asustadiza, angustiada, no es más que una serie de jadeos. Naturalmente, si respiras desde tu pecho, hablarás desde el pecho.

Posa la palma de una mano suavemente en el pecho y la palma de la otra suavemente en el abdomen. Practica respirando hasta que la mano de tu pecho no se mueva arriba y abajo, y sí lo haga en cambio la mano del abdomen. Cuando lo hayas logrado, saca las manos y sigue respirando de esta manera (y durante toda la vida). Te darás cuenta de que cuando estás nervioso o excitado, tu respiración regresa hasta tu pecho. Sé consciente de ello, y vuélvela a descender; te sentirás inmediatamente más tranquilo.

Repite este ejercicio con tus manos en el lugar en el que se origina la voz. Mueve la voz desde el pecho hasta el abdomen. Sonará más baja, más rica y algo más lenta... exactamente tal como quieres que sea para establecer entendimiento instantáneo y caer bien a la gente en 90 segundos como máximo.

na como si fueras a seguir con un «aunque...». «Sabes sacar lo mejor de todo el mundo» sí resulta un buen cumplido.

Habitualmente, los cumplidos específicos transmiten una mayor sensación de sinceridad que los generales. «Una sopa muy buena» no estimulará tanto a tu anfitrión como: «Ha sido el suspiro más ligero de eneldo fresco que nunca he probado. ¿Me lo harás otra vez?» Si estás elogiando una acción, tómate la molestia de profundizar en los detalles. «Hoy has estado estupendo» no es ni la mitad de poderoso que: «Has manejado esta cuestión del sanatorio sin acobardarte. La estrategia ha sido espectacular.»

Transmite tu cumplido del mismo modo que emites un saludo: abre tu corazón y tu cuerpo, mira directamente a la otra persona, habla con voz clara y entusiasta, pronuncia una alabanza específica y recuerda que debes darle a la otra persona el tiempo necesario para que responda.

Evitar los riesgos

Lee la lista de lo que «no se debe hacer», que aparece en páginas anteriores. Si te sorprendes a ti mismo haciendo algo de la lista, tal vez hayas abandonado tu Actitud Realmente Positiva o hayas elegido una actitud negativa por error:

No interrumpas, y no acabes las frases de la otra persona en su lugar, por muy entusiasta o impaciente que te sientas.

Adopta el consejo de Dale Carnegie. No te quejes, no condenes y no critiques.

Siempre que sea posible, evita contestar con una sola palabra; habitualmente estas respuestas no pueden dar pie a una conversación, e introducen una fuerte tirantez en el entendimiento. La gente que monopoliza conversaciones también suele pisotear el entendimiento, porque resulta casi imposible encontrar intereses comunes. Sólo acaban siendo groseros o cargantes.

No hay nada más desconcertante que hablar a alguien que está mirando a otra parte. Si te pasa a ti, discúlpate lo más rápido posible. La gente que actúa de este modo no es congruente y, con franqueza, incluso es sencillamente grosera.

Finalmente, ten cuidado con el mal aliento y con otros aspectos de la higiene personal. En este tema no hay excusas. El aliento apestoso, el olor corporal y los trocitos de ensalada en los dientes tal vez no te perjudicarán a los ojos de tu perro perdiguero, pero seguro que no te favorecerán en la fiesta de tu oficina.

Procura que te recuerden

¿De qué sirve conocer a alguien, crear una impresión favorable y establecer un buen entendimiento si dos semanas más tarde esta persona te ha olvidado? Es lo mismo que escribir una historia magnífica en el ordenador y olvidar dónde la archivaste. Proporciona a la gente razones para que se acuerden de ti, y lo harán. La mente disfruta estableciendo conexiones.

Recordarás que según el trabajo del profesor Mehrabian acerca de la verosimilitud, en la comunicación cara a cara a nuestro aspecto le corresponde un 55%, un 38% está relacionado con el tono de voz, y un 7% a las palabras que usamos. Con la memoria sucede algo similar. Otros estudios han demostrado que lo que ve la gente impacta tres veces más que lo que oye.

Pregúntate lo siguiente: ¿Cómo puedo destacar sobre la masa? ¿Puedo crearme un personaje o una marca de estilo?

IMPRESIONES DURADERAS

Jill y Robin, dos damas de mediana edad, están sentadas una frente a otra en la mesa de un restaurante francés. Se encuentran a mitad del almuerzo cuando unas cuantas personas aparecen en la mesa de al lado. Una mujer joven del grupo reconoce a Jill y en su rostro se dibuja una mueca de alegría. Fue alumna de una de las clases de Jill, varios años antes.

Después de muchos abrazos y exclamaciones, Jill vuelve a dialogar con su compañera de almuerzo: «Robin, esta chica es Edwina. Era una de mis mejores alumnas en mis días de Stratford. Nunca la olvidaré; poseía toda una serie de rituales para organizarse ella misma y organizar su trabajo. Todo debía tener su lugar específico y ordenado en su pupitre. A veces me volvía loca, pero siempre me fascinaba su meticulosidad.»

«Encantada de conocerla», dice Robin, estrechando la mano de Edwina.

«Dime, Edwina, ¿qué es de tu vida?», pregunta Jill.

Edwina procede a contar a Jill que trabaja como productora asociada en un programa de la televisión local, y añade: «Estoy con varios de la escuela. ¿Se acuerda de Suzanne Sparks?»

«No, lo siento, no puedo recordarla», dice Jill, mirando a su alrededor.

«Sí, mujer, aquella que solía venir a clase con sus chaquetas de cuero estrafalarias.»

«¡Ah, sí, claro! —Jill se vuelve hacia Robin, incluyéndola en su retrato—. Suzanne pintaba de maravilla. Creo que también hablaba español y alemán. ¿Todavía lleva aquellas greñas de pelo rojo en punta?», pregunta, girándose hacia Edwina.

«No. Ahora lleva el pelo largo y rubio, y es nuestra directora de programación. ¿Y Toni? ¿Se acuerda de ella? —prosigue Edwina—. También está en la cadena.»

«A ver, ¿quién era Toni?», pregunta Jill.

«Toni March. Siempre se mostraba realmente afectuosa. Vivía fuera, en Malton. —Cuando Jill hace señas de no reconocerla, Edwina dice—: Trabajaba de lo lindo.»

«Lo siento, cariño, no puedo situarla. ¿Y quién más?»

«Greg Cuddy. Es nuestro director de ventas.»

«¡No puede ser! ¿Greg? ¿El del piercing en la nariz? —Jill sacude incrédula la mano—. Greg Cuddy era un joven muy nervioso. Conducía la camioneta de reparto de su madre por todas partes. Si la memoria no me engaña, era el responsable de una página de coleccionismo de maquetas de trenes en Internet. Publicó un boletín en el que escribía gente de...»

Jill invita a Edwina a unirse con ellas, y sus amigos de la otra mesa encargan la comida sin ella mientras los recuerdos se van sucediendo.

El tema clave en esta historia es que para Jill era fácil recordar a sus antiguos alumnos cuando su memoria se asociaba a una imagen. Es más fácil recordar a la gente si tiene algún tipo de asidero, de elemento que le hace destacar de la masa.

Todo tipo de cosas puede proporcionarte una imagen: una flor en el ojal, o una montura muy cara pero discreta para tus gafas, bonitos vestidos, zapatos impecables, una corbata de lazo, el cabello de Gillian Anderson o la sonrisa de Goldie Hawn.

Una amiga mía trabaja para una cadena nacional de megatiendas en las que venden ordenadores y cadenas de alta fidelidad. «Me pasaba media hora explicando las ventajas de un producto —me decía—, y luego el cliente solía irse para pensar acerca de lo que le había dicho. Podía regresar otro día, dirigirse al primer vendedor que viera y realizar su compra. No importaba que poseyera mi tarjeta o que yo le hubiera dedicado tanto tiempo; las posibilidades de que se volviera a dirigir a mí personalmente eran mínimas. Así que di con el modo ideal para que me recordaran. Como soy de Terranova, les decía a los clientes que cuando volvieran o llamaran por teléfono a la tienda preguntaran por la "Newfie".»[1] En Canadá, un «Newfie» suele ser a menudo objeto de chistes tontos y estereotipados, pero mi amiga usaba esta imagen verbal en beneficio suyo. Constituye un asidero o, si lo prefieres, un contenedor para acumular y acceder a todo un paquete de información previamente almacenada.

Encuentra algo que te diferencie de los demás. Dales algo que les permita acordarse de ti.

1. «Newfie» procede de la denominación en inglés de la isla de Terranova, *Newfoundland. (N. del t.)*

8

Fíjate en los sentidos

En cierto sentido, los humanos no somos mucho más que aparatos móviles capaces de percibir. Vemos, oímos, sentimos, olemos y probamos. Y luego procesamos la información que hemos obtenido a través de nuestros sentidos. Cada día experimentamos el mundo a través de *inputs* sensoriales, y luego explicamos nuestras experiencias a nosotros mismos y a los demás. Así funcionamos. Nos acostamos y nos levantamos al día siguiente y seguimos experimentando una y otra vez. Así evolucionamos. Obviamente, se trata de una simplificación extrema, pero para el propósito de este capítulo nos proporciona unos cimientos básicos sobre los que poder construir.

Ahí se origina nuestra Actitud Realmente Positiva (o Negativa). Existen dos maneras para explicar nuestras experiencias, tanto a nosotros mismos como a los demás. Las denominamos estilos explicativos. Acerca del hecho de levantarse por la mañana y ver que está lloviendo, un individuo con un estilo explicativo negativo diría: «Vaya, está lloviendo. Hoy va a ser un día asqueroso», mientras que alguien con un estilo explicativo positivo podría decir: «Estupendo, lavado de coche gratis. Y qué bien para el jardín.» La cuestión es que la naturaleza de nuestras explicaciones determina nuestras actitudes, y la gente formula respuestas diferentes a la misma realidad exterior.

Podemos clasificar aproximadamente estas respuestas en estructuras mentales familiares y patrones. En la década de 1970, Richard Bandler y John Grinder, los fundadores de la Programación Neurolingüística, observaron en sus primeros trabajos que la gente puede dividirse a grandes rasgos en tres tipos, dependiendo del modo que tienen de filtrar el mundo a través de sus sentidos. Bautizaron a estos tres tipos con los nombres de Visual, Auditivo y Sensitivo. Por ejemplo, imaginemos a tres estudiantes que van a un concierto de rock. Judy es predominantemente Visual, Phyllis es Auditiva y Alex es Sensitivo. Cuando más tarde describen su experiencia a sus amigos, Judy les pintará imágenes en palabras para explicar qué aspecto tenía el concierto: «¡Vaya, deberíais haberlo visto, toda esa gente saltando y el cantante desgarrando sus pantalones mientras su tupé volaba arriba y abajo!» Phyllis dirá cómo sonaba el concierto: «La música era increíble. El sonido era ensordecedor; todo el mundo chillando y cantando todo el rato. Deberíais haberlo oído. ¡Era realmente atronador!» Alex, que se refiere a los sentimientos y al tacto, describirá qué sensación transmitía: «De verdad, se podía respirar la energía. El local estaba abarrotado. Apenas podíamos movernos, y cuando tocaron "Blue Rodeo" todo el público estalló.»

En otras palabras, los Visuales tienden a utilizar palabras que describen imágenes, los Auditivos eligen palabras de sonido, y los Sensitivos se inclinan por palabras físicas.

Estamos hablando de una nueva dimensión de la sincronía y el entendimiento. Este capítulo irá más allá de la actitud, el lenguaje corporal y el tono de voz, hasta la auténtica manera en que nuestros sentidos aceptan y, literalmente, dan significado al mundo que nos rodea.

¿Visual, Auditivo o Sensitivo?

Dado que recibimos la información del exterior principalmente en imágenes, sonidos y sensaciones, éstas son las tres maneras por las que podemos inspirarnos: por algo que vemos en el exterior, o en el interior, en nuestro ojo de la mente, como una imagen o una visión; por algo que oímos, procedente del exterior o de nuestra vocecita interior; o por algo que sentimos o tocamos. Normalmente, una combinación de estas experiencias nos ayuda a interpretar el mundo exterior, pero uno de estos tres sentidos —vista, oído o tacto— tiende a dominar sobre los otros dos.

Para el ojo (u oído) no entrenado, el aspecto, el sonido y el tacto de cada uno de nosotros es normal; sin embargo, para la persona entrenada existen diferencias sutiles pero importantes. Como puedes imaginar, a un individuo que otorga importancia sobre todo al aspecto que tienen las cosas le afectarán e influirán las apariencias. De modo similar, alguien para quien el sonido es importante responderá a cómo suenan las cosas, y una persona que experimenta el mundo a través de las sensaciones físicas se interesará por las cosas, interior y exteriormente, a través del contacto físico.

El año pasado estaba escuchando a dos políticos a los que entrevistaban en la radio. Ambos estaban planeando competir por el liderazgo de su partido. Cuando el entrevistador les pidió que «expusieran sus planes», uno dijo, con aire realmente reflexivo: «Yo me inclino por una solución que nos permita dar en el clavo.» La respuesta inmediata del otro político fue: «Ahora que tenemos una visión clara del futuro, puedo ver las posibilidades.» El entrevistador replicó: «Parece que están ustedes preparados para anunciar sus intenciones.»

¿Qué observas aquí? ¿Puedes captar la diferencia? El entrevistador, usando frases como «exponer sus planes» o «anunciar sus intenciones» era, probablemente, Auditivo. (En honor a la verdad, éste debería ser el lenguaje natural de uso en la radio, pero un número sorprendente de invitados que acuden a la radio no suele ser Auditivo.) El primer aspirante a líder empleaba un lenguaje físico —«inclinarse», «dar en el clavo»— y hablaba deliberadamente, indicando una inclinación Sensitiva. El segundo candidato poseía una «visión clara» y podía «ver las posibilidades», y en consecuencia me pareció bastante Visual.

Por supuesto, nadie es totalmente Visual, absolutamente Auditivo o Sensitivo al cien por cien. Naturalmente, somos una mezcla de los tres. Sin embargo, en cada persona, uno de estos sistemas (como sucede con las personas diestras o zurdas) domina a los otros dos. Hay estudios que han demostrado que, en nuestra cultura, hasta un 55 % de la gente se motiva ante todo por lo que ve (Visual), un 15 % por lo que oye (Auditivo) y un 30 % por una sensación física (Sensitivo).

Realiza el autotest de las páginas 121-124 y comenzarás a ver por qué conectas con facilidad con ciertas personas cuando las acabas de conocer, pero no con otras, y por qué sientes como si conocieras a ciertas personas aunque nunca las hayas visto antes. Sucede por pura armonía sensorial. Cuando dos Visuales se encuentran, sienten una familiaridad mutua porque ven las cosas de la misma manera (lo cual no significa que estén de acuerdo) y expresan sus experiencias del mismo modo. Lo mismo sucede con dos Auditivos o dos Sensitivos. En el caso opuesto, si la persona a la que acabas de conocer ve, oye o siente el mundo de una manera diferente que tú, necesitas aprender cómo reconocer este hecho y cómo adaptar y sintonizar con su longitud de onda para establecer un entendimiento que pueda llevar hasta una amistad o una relación significativa.

Para darte una idea de hasta qué punto las preferencias sensoriales influyen en nuestra vida cotidiana, te contaré algo relativo a mi propia situación. Soy Auditivo, y mi mujer es Sensitiva. Si discutimos, Wendy sabe cómo conectar conmigo en mi «lenguaje», con palabras Auditivas. Consigue captar de inmediato mi atención diciendo: «Nick, no me estás escuchando. No has oído lo que te he dicho.» Si me dijera: «No ves lo que te digo», o aún peor: «¿Puedes ver cómo me siento?», la verdad es que no, que no puedo.

Desde luego, puedo realizar una conexión intelectual obvia, pero debo detenerme y pensar en ello; mi cerebro tiene que realizar un paso más para traducir su lenguaje en algo a lo que yo pueda referirme. Cuando me envía un mensaje en mi longitud de onda Auditiva, establece una conexión directa y rápida.

Recíprocamente, si yo quiero establecer una conexión directa con su sensibilidad, digo: «Sé cómo te sientes cuando te pasa esto.» En otras palabras, empleo un enfoque sensorial, Sensitivo. Es muy sencillo, pero extraordinariamente efectivo.

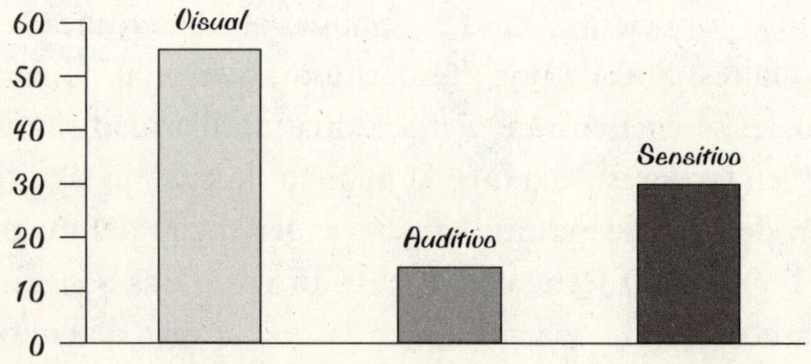

AUTOTEST:

¿CUÁL ES TU SENTIDO FAVORITO?

¿En qué grupo te sitúas? ¿Entre los Visuales, los Auditivos o los Sensitivos? Como mucha gente, probablemente dirás: «Seguro que soy Visual.» Pero podrías tener una bonita sorpresa. Realiza el siguiente test para ver cómo sintonizas con el mundo. Elige sólo una respuesta para cada pregunta, y marca la letra correspondiente.

1) Si sólo quedan tres habitaciones en un complejo hotelero de la costa, elijo la habitación que ofrece
   a) Vistas al mar pero mucho ruido.
   b) Sonidos del mar, pero sin vistas.
   c) Comodidades pero un montón de ruido y sin vistas.

2) Cuando tengo un problema,
   a) Veo qué alternativas hay.
   b) Hablo sobre el problema.
   c) Ordeno de otro modo los detalles.

3) Cuando conduzco mi coche, quiero que el interior
   a) Tenga buen aspecto.
   b) Esté insonorizado o se oiga el sonido potente del motor.
   c) Sea confortable o seguro.

4) Cuando explico un concierto o un acto al que he acudido, en primer lugar
   a) Describo qué aspecto tenía.
   b) Le digo a la gente qué ruido había.
   c) Transmito mis sensaciones.

5) En mi tiempo libre, me gusta
   a) Ver la tele o ir al cine.
   b) Leer o escuchar música.
   c) Hacer algo físico (trabajo manual/jardinería), o bien un deporte.

6) Lo único que creo personalmente que todo el mundo debe experimentar en su vida es
   a) La vista.
   b) El sonido.
   c) Las sensaciones tactiles.

7) De las siguientes actividades, la que me ocupa más tiempo es
   a) Soñar despierto.
   b) Escuchar mis pensamientos.
   c) Darle vueltas a mis sentimientos.

8) Cuando alguien está intentando convencerme de algo
   a) Intento ver la evidencia o la prueba.
   b) Me hablo a mí mismo de este tema.
   c) Confío en mi intuición.

9) Suelo hablar y pensar
   a) Rápidamente.
   b) Moderadamente.
   c) Lentamente.

10) Por regla general respiro desde
   a) La parte alta del pecho.
   b) La parte baja del pecho.
   c) El vientre.

11) Cuando intento orientarme en una ciudad que no conozco

a) Utilizo un mapa.
b) Pregunto la dirección.
c) Confío en mi intuición.

12) Cuando elijo prendas de vestir, lo más importante para mí es

a) Tener un aspecto inmaculado.
b) Manifestar mi personalidad a través de mi atuendo.
c) Sentirme cómodo.

13) Cuando elijo un restaurante, mi interés principal es que

a) Sea impresionante.
b) Pueda oírme cuando hablo.
c) Sea confortable.

14) Tomo decisiones

a) Rápidamente.
b) Mesuradamente.
c) Lentamente.

Total:
A = ________
B = ________
C = ________

a) significa Visual, b) Auditivo y c) Sensitivo. Cuanto más alto sea el número en cada categoría, más fuerte es la tendencia.

Después de realizar este test, no sólo dispondrás de una firme indicación del modo en que estos sentidos funcionan en ti, sino que comenzarás a entender que la gente puede presentar prioridades diversas. Sin embargo, en este tema hay muchas variables en juego, una de las cuales (y no la menos importante) es *que tú ya sabías el propósito del test antes de realizarlo. En mis conferencias, generalmente la gente lo completa antes de darse cuenta de su significado.*

Inténtalo con algunos amigos y comprueba sus tendencias. Emplea estos resultados para ejercitar tu perspicacia hasta ser capaz de reconocer las preferencias sensoriales.

Sintonizar con las preferencias sensoriales

¿Qué tienen que ver los tipos sensoriales con que a la gente le caigas bien en 90 segundos como máximo? Más de lo que crees. Cuando te resulta posible imaginar las preferencias sensoriales de la otra persona, puedes comunicar en su longitud de onda. Si quieres relacionarte mejor con tu cónyuge, convencer a un juez respecto a un tema en concreto, conseguir una venta, obtener un empleo o impresionar a alguien en una fiesta, el hecho de reconocer a Visuales, Auditivos y Sensitivos puede ser de un valor incalculable.

Al día siguiente de uno de mis seminarios, recibí una excitada llamada de teléfono de una mujer que había asistido al acto. Se llamaba Barbara, y regentaba una tienda de pavimentos y accesorios para el suelo.

«¡Es increíble! —dijo—. Son las nueve y media, hace una hora que hemos abierto y acabo de venderle algo al quinto de mis cinco clientes. ¡Nunca me había sucedido hasta ahora!

»Resulta perfecto para mi negocio —prosiguió, refiriéndose a mi charla relacionada con imaginarse a las personas Visuales, Auditivas y Sensitivas con las que nos cruzamos en el curso de nuestras aventuras diarias—. Las primeras cuatro ventas probablemente eran normales, aunque era consciente de lo que he aprendido. Pero la quinta... La señora entró en la

HABLANDO METAFÓRICAMENTE

Las palabras «He estado buscando por todos los rincones del planeta» dicen mucho más que «He mirado por todas partes»; fuerzan la conexión con una mirada atenta, diligencia, detalle, determinación, etc. Al mismo tiempo implican fácilmente la vista, el sonido y el tacto, tal como hacen las metáforas, que atraen simultáneamente a los Visuales, los Auditivos y los Sensitivos. Los Visuales las pueden imaginar, los Auditivos las pueden oír, y los Sensitivos pueden sentir qué está pasando.

Las metáforas son contenedores de ideas. Vinculan nuestra imaginación interior con la realidad exterior. Usamos metáforas con regularidad, a menudo de forma inconsciente, para explicar lo que pensamos. También las usamos para que las cosas resulten más interesantes. Las parábolas, las fábulas, los cuentos y las anécdotas son algunas de las herramientas de comunicación más antiguas y poderosas con que contamos, y sus aspectos metamórficos son efectivos prácticamente en cada situación. Encienden la imaginación y atraen a todos los sentidos.

En resumen, las metáforas contribuyen a que la comprensión sea más fácil, rápida y rica.

tienda arrastrando a su marido tras ella. Era evidente que él no quería entrar. Imaginé inmediatamente que era un Sensitivo, y en 30 segundos le tenía tocando la alfombra con las manos y las rodillas. Y la han comprado.

»Sabía que si le decía: "Imagine qué bonito quedará esto en su casa", no podría, porque no es Visual. O si le decía: "Descubrirá qué poco ruido hacen sus hijos, por mucho que corran, cuando lo pisen", no habría podido conectar, puesto que no piensa de esta manera, no es Auditivo. Sabía, por su manera de vestirse, moverse y hablar que era un Sensitivo, así que dije: "Tóquela." Y eso hizo. Así de fácil. Se arrodilló hasta el suelo y la tocó.»

Identificar lo que quieres conseguir. Cambiar tus hábitos hasta que consigas lo que quieres. Son la «I» y la «C» de nuestro «SIC», nuestro «tal cual». Intenta imaginar qué sentido domina en una persona y modifica tu enfoque teniendo en cuenta este dato.

Si no estás seguro de cómo manejar la situación, no te preocupes. Debes estar preparado para incluir las tres preferencias en tu enfoque. Ten buen aspecto para los Visuales; después de todo, son más de la mitad de las personas que deberás encontrarte a lo largo del día. Desarrolla una tonalidad agradable para los Auditivos con los que deberás hablar. Y sé sensible y flexible, para las personas Sensitivas con las que topes. Y desde luego, si estás tratando con un grupo, aplica el mismo método. Tu grupo estará constituido por las tres categorías, y tendrás que resultar atractivo para todo el mundo.

Por encima de todo, recuerda que la habilidad para sintonizar en el modo que tiene la gente de experimentar el mundo puede ser uno de los descubrimientos más importantes de tu vida.

Hace unos meses pronuncié el discurso inaugural en una convención de constructores inmobiliarios. Durante mi charla, jugué a interpretar varios papeles para ilustrar algunas diferencias comportamentales que las personas Visuales, Auditivas y Sensitivas despliegan en la comunicación cara a cara. Al final de la charla, un hombre enorme, con cara de duro pero bien

IMAGEN Y SONIDO

A pesar del buen café colombiano y de los croissants frescos, los O'Connor no están disfrutando de un desayuno agradable.

«¡Es un Maserati de color amarillo brillante! —exclama John—. ¡Es precioso. ¿Te imaginas este coche con nosotros dentro, deslizándonos por la autopista hacia la costa?»

«En verdad no puedo —dice Lizzie fríamente—. Todo lo que puedo oír son las facturas mensuales del coche cayendo en el buzón. Creo que nunca me has escuchado cuando te digo que hay cosas más importantes en las que gastar el dinero...»

John se va de casa pisoteando con rabia, pero aquella tarde, después de salir del trabajo, compra un chal de seda lujoso y multicolor para Lizzie, en un intento de ganársela. Al llegar a casa, la encuentra en el salón y le da la cajita exquisitamente envuelta.

«¿Y esto para qué es? —pregunta Lizzie distante mientras saca el chal de la caja—. ¿A santo de qué?»

«¡Vaya, sólo es para demostrarte lo mucho que te quiero!», protesta John, que se siente rechazado.

«¡Un chal no me dice nada!» Lizzie chasquea con la lengua. Y se va caminando de la habitación como si tal cosa.

John se deja caer en el sofá, enrollando lentamente el carísimo chal en torno a su mano y apretándola hasta que le duelen los dedos.

¿Qué está sucediendo aquí? John es Visual. Le da sentido al mundo principalmente con lo que ve: el Maserati amarillo, su «retrato» de los dos en el coche, el chal de mil colores. Lizzie es Auditiva. Oye cómo van cayendo las facturas en el buzón; no cree que John «escuche» cuando ella le «dice» algo.

¿Puede salvarse este matrimonio (o al menos la esperada compra del Maserati)? ¡Por supuesto! Un par de entradas para el concierto del grupo favorito de Lizzie —algo que atrae a sus oídos— le sonará mucho mejor. He aquí de qué modo podría haberlo manejado John si hubiera sido más sensible a como Lizzie oye el mundo:

«Lo siento de verdad, Lizzie —declara John con un tono de voz suave y agradable (después de darle las entradas). Y procede a usar ciertas palabras "auditivas" con su esposa—. Te diré lo que haremos: deja que vuelva un poco de armonía a esta casa y lo hablamos dentro de un ratito. ¿Te parece bien lo que oyes?»

Lizzie asiente, aprobando estas palabras que de repente son más aceptables, y el significado que transmiten.

«Te he dicho que el Maserati ronronea como un gatito y que el cambio de marchas es tan silencioso que apenas puedes oírlo? —pregunta John dulcemente—. Y espera a enterarte de los pagos, sorprendentemente razonables.»

«Bueno, finalmente veo el retrato que me estás pintando, John —dice su esposa—. ¡Ahora todo está muy claro!»

acicalado me atrajo hacia un lado. Era muy emocional y parecía como si estuviera a punto de echarse a llorar. Sacudiendo su cabeza de un lado a otro, espetó: «No sé qué decir. Me voy enseguida a la escuela de mi hijo a darle un abrazo. —Hablaba como si se ahogara—. Durante varios años, me he sentido furioso con él. Cuando le hablo, gira la cabeza a otro lado y no me mira. Me vuelve loco, y siempre le chillo. "¡Mírame cuando te hablo!" Raramente me mira directamente a los ojos cuando le doy instrucciones. Algo de lo que usted ha dicho me ha hecho ver que es Auditivo, y que no me ignora cuando mira a otro lado. Está orientando su oído hacia mí para poder concentrarse. Y yo, yo soy Visual, necesito el contacto con los ojos.» Me sacudió la mano enérgicamente y se fue.

Resulta divertido. Cada día a lo largo de nuestra vida suceden cosas de este tipo ante nuestras narices y no nos damos cuenta, hasta ahora, claro está.

9
Discernir las preferencias sensoriales

Reconocer qué sentidos utiliza la gente para experimentar el mundo y luego emplear esta información en tus tratos con los demás —personales, profesionales o sociales— puede tener un profundo efecto en el modo que tengan de responderte. Este capítulo trata de la manera de detectar las pistas iniciales que las personas nos dan sin saberlo. Sean Visuales, Auditivas o Sensitivas, estas señales están ahí para que las interpretemos y utilicemos a la hora de establecer una relación.

En el turno de preguntas, al final de uno de mis seminarios, una mujer de mediana edad de la segunda fila me preguntó, lentamente: «¿Siente usted que es difícil señalar la preferencia sensorial de una persona?» Aquella mujer encantadora llevaba un abrigo de lana grande y confortable, y enroscaba suavemente su dedo en sus cabellos mientras hablaba. Le di las gracias por su pregunta e inmediatamente le dije que no se moviera. Obviamente, como era una persona afable, se quedó inmóvil. «Le voy a pedir que me repita la pregunta exactamente de la misma manera —le dije—. Pero quiero que el resto del público observe, ¿de acuerdo?» Asintió, hizo una pausa y repitió su pregunta, con todos los ingredientes, incluido su dedo enroscándose en el cabello. Se produjo una sonrisa colectiva entre la asistencia, cuando ésta comprendió qué estaba presenciando. Luego la propia señora miró hacia la parte superior de su cabeza y rió entre dientes.

La elección de sus palabras «siente» y «señalar», su forma desenvuelta de hablar, su abrigo confortable, su semblante ligeramente relleno y su costumbre de jugar con su cabello eran realmente delatores. Nos había enviado las suficientes pistas como para indicar fuertemente a la audiencia cuál debía ser su preferencia sensorial.

Tú no estabas ahí, pero ¿en qué sentido confiaba más?

Has acertado si crees que era una persona Sensitiva.

Perfiles de preferencias sensoriales

Cada grupo exhibe sutiles diferencias en su configuración física y mental. No son, en absoluto, distinciones inmediatas e infalibles. Se trata de simples indicadores. Tanto las personas Visuales, como las Auditivas o las Sensitivas pueden presentarse con todas las variantes posibles. Estamos tratando con personas, individuos únicos cuyas creencias, valores, opiniones y talentos, brillos y sombras, insinuaciones y sueños no se pueden medir. Cada uno es diferente; no obstante, en lo más profundo, existen semejanzas fundamentales. Encuentra a una persona que se inclina poderosamente por un sentido en varios de los aspectos que discutiremos en este capítulo; lo más probable es que nos señale una preferencia sensorial personal.

Un indicio inmediato:
Los Visuales suelen hablar muy rápido.
Los Sensitivos tienden a hablar despacio.
Los Auditivos constituyen un término medio.

PRACTICA CON LA TELE

Los programas de la tele constituyen un estupendo escenario para ejercitar tu talento de detector de preferencias. Los programas de madrugada, en los que todo el mundo tiende a acicalarse en exceso, no acostumbran a ser los mejores para este ejercicio. Son mucho mejores los programas de entrevistas con invitados, en los que la gente se muestra más tal como es.

Baja por completo el volumen e intenta imaginar —a través de la apariencia física, los gestos de las manos, los movimientos de los ojos y la indumentaria— qué persona es una O, una A o una S. Luego vuelve a subir el volumen y escucha sus palabras, el ritmo de la alocución y el tono de voz.

Puedes hacer lo mismo con las entrevistas radiofónicas. Concéntrate en las palabras. Los programas de radio son una mina de información acerca de las preferencias sensoriales. Puedes practicar mientras te halles bloqueado en un embotellamiento.

Tómatelo con calma y diviértete.

Cuando seas consciente de las diferencias entre estos tres grupos de personas, Visuales, Auditivas y Sensitivas, lo que te parecía sutil al principio, cada vez te resultará más evidente.

Tal vez hayas pasado por la experiencia de ir a comprar un coche nuevo. Supongamos que se trata de un Audi 6 verde. ¿Te parece demasiado exclusivo? No necesariamente. De repente hay Audi 6 verdes por todas partes. Mientras que antes sólo te dabas cuenta de su existencia en momentos determinados, ahora empiezas a verlos por todos lados. Desde luego, estos coches siempre habían estado allí, lo que sucedía es que no captaban tu atención.

Cuando te hayas entrenado a distinguir a una persona de otra te sucederá lo mismo. Las distinciones los revelarán antes que tus propios ojos. Y resulta que éstas estaban ahí desde siempre.

Visuales

Las personas Visuales le dan mucha importancia al aspecto de las cosas. Necesitan ver pruebas o evidencias antes de tomarse algo en serio. Por su calidad de visualizadores, piensan en imágenes y agitan sus manos en torno suyo, a veces tocando sus imágenes mientras hablan. Las imágenes acuden rápidamente a su ojo de la mente, por lo que piensan con claridad; ello los convierte en los que hablan más rápido. A veces son los únicos que poseen voces monótonas. Los Visuales miran a menudo a derecha e izquierda cuando hablan. En cuanto a su guardarropía, tienden a vestir a la última, son impecables maniquíes andantes que se esfuerzan de lo lindo para tener una buena imagen y rodearse de objetos de buen aspecto. Dado que les importan las apariencias, físicamente aspiran a lucir pulcros y acicalados. Cuando se levantan y se sientan, llevan su cuerpo y su cabeza bien derechos.

Verás que los Visuales trabajan en lugares en los que se precisan decisiones rápidas y de confianza, o donde deben seguirse procedimientos específicos. Quieren poseer el control porque probablemente tienen una visión acerca de cómo deberían ser las cosas. Muchos artistas visuales —aunque, sin duda, no todos— entran en esta categoría.

Auditivos

Las personas Auditivas responden emocionalmente a la calidad del sonido. Disfrutan de las palabras habladas y les encanta la conversación, aunque las cosas deben sonarles apropiadas para que sintonicen y concedan su atención. Poseen voces fluidas, melódicas, sensibles, persuasivas, expresivas. Los Auditivos mueven los ojos de un lado a otro mientras hablan, y gesticulan algo menos que los Visuales; pero cuando lo hacen, también es de lado a lado, como los movimientos de sus ojos. En cuanto a la manera de vestir, *piensan* que visten a la última. Les encanta manifestar su personalidad con su vestimenta, y en ocasiones no lo logran por entero. Físicamente se encuentran entre los impecables Visuales y los confortables Sensitivos.

Los Auditivos trabajan en lugares en los que priman las palabras y el sonido. Muchos locutores, profesores, abogados, asesores y escritores son Auditivos.

Sensitivos

Para nuestros queridos Sensitivos, las cosas tienen que ser sólidas, bien construidas y correctas para que las aprueben. Poseen voces y gestos suaves y tranquilos. Algunos Sensitivos pueden hablar de manera increíblemente lenta, y añadir todo tipo de detalles innecesarios, que suelen exasperar a algunos Visuales y Auditivos, hasta el punto de querer gritarles: «¡*Por el amor de Dios*, haz el favor de ir al grano!» Les sucede a muchos. La cuestión es que cuesta más tiempo convertir los sentimientos en palabras que traducir imágenes o sonidos en palabras. Cuando hablan, los Sensitivos mirarán hacia abajo, hacia sus sentimientos. Disfrutan del tacto que tienen las cosas. Les gustan las prendas con texturas que resaltan, en tonos suaves. Un hombre con pelo facial permanente puede ser un Sensitivo. Los encontraréis en empleos manuales: fontaneros, electricistas, carpinteros, vendedores y trabajadores de las artes, la medicina y el sector de la alimentación. Físicamente hay dos tipos de Sensitivos: en el primer grupo se hallan los atletas, bailarines, empleados en servicios de emergencia y comerciantes, los tipos superactivos en los que priman la fisicidad del tacto y el contacto; en el otro grupo están los más sensibles, calmados, sensatos, tipos de gran corazón, muchos de los cuales poseen una bonachona corpulencia.

Buenas y malas parejas

Probablemente verás por ti mismo que las posibilidades de establecer una relación amorosa con alguien «como» tú son altas. Sin embargo, ¿es siempre una buena idea? Sí y no. Si quieres pasar toda tu vida con alguien que se te parezca mucho, entonces sí. Pero ¿y si quieres un poco de chispa y excitación?

Con frecuencia me preguntan si es válido el antiquísimo aforismo que reza que los contrarios se atraen. La respuesta es que sí, definitivamente se atraen. Pero ¿cómo? ¿Y por qué se atraen?

En primer lugar, déjame decirte que el tema de este libro es que logres establecer un buen entendimiento con las personas y que les caigas bien. Si la relación y la atracción conducen a la amistad o al amor, esto ya es asunto tuyo. Me gusta mucha gente, confío y pienso en ella, pero no todas estas personas son amigos míos, y desde luego no son mi pareja. Enamorarse de alguien es algo más complejo. Muchos de los lenguajes clá-

INSISTE UN POCO MÁS

Esta técnica sencilla ha demostrado ser de ayuda a la hora de determinar la preferencia sensorial de una persona. Empieza formulando un par de preguntas poco específicas: «¿Vives en la ciudad o en las afueras?» Tras la respuesta: «¿Y te gusta?»

Si la respuesta es afirmativa, pregunta: «¿Qué es lo que te gusta más del lugar en el que vives?» (Si la respuesta es negativa, puedes preguntar: «¿Qué es lo que no te gusta?»)

Cuando te haya dado sus razones, insiste un poco más. Si te da respuestas del tipo: «Bueno, por una razón, es muy tranquilo», anímale preguntándole: «¿Qué más?» Y no te detengas aquí. Prosigue en tu línea de preguntas hasta que dispongas de las suficientes pistas verbales para comprender cuál es el sentido favorito de esta persona.

sicos antiguos aluden a tres tipos distintos de amor o de afecto. A grandes rasgos, serían el amor en general, el amor fraterno y el amor sexual. Cuando los tres están presentes, la relación es ciertamente rica.

En mi opinión, y dicho sea sin otra base científica que mi conocimiento, lo bastante cercano, con más de 35 parejas cuyas relaciones habían durado más de 20 años y *seguían siendo vibrantes*, la siguiente observación es cierta. Las relaciones que han durado más de 20 años cuentan con un interesante factor de preferencia sensorial. Estas personas son *opuestas por completo*.

Recordarás que, en el autotest del capítulo 8, el total del final te permitía calificar tus preferencias. Deja que use mi propio cómputo como ejemplo. A mí me salió primero A, luego V y finalmente S, o sea AVS. El opuesto absoluto de mi cómputo sería SVA. Colócalos uno al lado del otro y tendrán este aspecto:

A	S
V	V
S	A

En este esquema los opuestos están en la parte alta, A y S, que confieren chispa e interés, pero en medio está la misma letra, en este caso la V. La relación se aguanta gracias al vínculo visual común, un subconsciente mutuo que comparte la misma longitud de onda. Y la relación se mantiene vital gracias a la oposición de A y S como preferencias sensoriales personales primarias.

Mi observación es la siguiente: cuando dos personas «se encuentran en medio» y comparten una preferencia sensorial central, sea Visual, Auditiva o Sensitiva, este vínculo los mantendrá unidos en las malas épocas, y añadirá viveza a las buenas. Cualquier preferencia sensorial compartida, sea primaria, secundaria o terciaria, actuará a favor de la relación cuando las cosas se ponen difíciles.

Pistas verbales

En este tema no existen reglas fijas, salvo que la gente con la que te encuentres tenderá a revelar su modo de traducir sus experiencias en palabras precisamente a través de los tipos de palabras que prefiera. Escucha estas palabras y tenlas en cuenta cuando te propongas establecer el entendimiento.

Palabras Visuales

Una tendencia a inclinarse por palabras y metáforas de «imágenes» —«si lo viéramos con mayor claridad», «eran tan diferentes como la noche y el día»— puede constituir una fuerte indicación de que la persona en cuestión confía sobre todo en el sentido visual.

Durante todo un día —desde que salga el sol hasta que se ponga— enfoca las palabras y frases Visuales que oigas en el vocabulario de otras personas. Fíjate en ellas hasta que aparezcan de una manera tan clara como las palabras extremadamente visuales que acabo de usar en esta frase. La siguiente lista de palabras variopintas te dará la perspectiva adecuada mientras observas a la gente que escruta el mundo a través de sus ojos. Luego demuestra hasta qué punto puedes usar bien estas palabras Visuales. En tus conversaciones con otras personas, esfuérzate por «hablar en color», pintando palabras de imágenes. Describe tus experiencias de forma vívida para que el resto de la gente pueda «verlas».

acechar
analizar
ángulo
apagado
aparecer
aspecto
boceto
borroso
brillante
brillo
centrar
ciego
claridad
claro
colorido
conspicuo
diagrama
enfocar
esclarecer
escrutar
examinar
fijarse
fulgor
iluminar
ilusión
imagen
imagen mental
imaginar
luz
mirar
mostrar
observar
ojeada
ojo de la mente
oscuro
percepción

perspectiva
pintura
prever
punto de vista
reflejo
resplandor
retratar
retrospectiva
revelar
revisar
testigo
velar
ver
vigilar
visión
vislumbre
vista
vista nublada
vistazo
visualizar
vívido

DISCURSO VISUAL

¿Cómo me ves?
Se avecinan nubarrones.
Ya veo lo que me dices.
Tiene un carácter bien pintoresco.
Un espectáculo para la vista.
Cojamos un poco de perspectiva.
Somos una compañía con visión de futuro.
Me mira con buenos ojos.
Es un poco impreciso.
Sin sombra de duda.
Ya nos veremos.
¿Te imaginas?
Deja que te lo aclare.
¿Puedes echar alguna luz sobre el asunto?
Tenemos un brillante porvenir.

Palabras Auditivas

Sintoniza con las palabras y frases Auditivas cuando la gente expresa su manera de ser entre sí. Rememora y amplifica estas armoniosas conversaciones hasta que estés bien informado de cómo suenan las palabras Auditivas. Abre las orejas ante quienes ven y sienten el mundo a través de su oído. Te llegará un mensaje claro y bien sonoro.

agudo
alusión
anunciar
armonizar
articular
aullar
balbucear
bien informado
callar
charlar
chasquido
chillar
chillón
chirrido
chismorreo
comentario
comunicar
conversar
debatir
decir
declarar
describir
desoír
discurso
discutir
divulgar
eco
enunciar
escuchar
estrepitoso
estridente
estruendo
expresarse
extravertido
frasc
graznar
gritar
habladuría
hablar
hacer oídos sordos
inquirir
insinuación
lamentarse
llamar
mencionar
mensaje oculto
mudo
murmurar
oír
palabra
pregunta
proclamar
pronunciar
referir
repercutir
repicar
resonar
retumbar
ronquido
ruidoso
rumor
silencio
sin habla
sintonizar
sonoro
sordo
susurrar
tintinear
tono
vocal
vocalizar

DISCURSO AUDITIVO

Me suena.
Dime más cosas.
¿Qué te cuentas?
Nos ofreció un satisfactorio relato de su propia vida.
Al fin tenemos armonía en la casa.
Escúchate a ti mismo.
Me dejó completamente sin habla.
Estos colores son muy chillones.
No me gustó su tono de voz.
Deja que te explique.
Explícame cómo fue.
Hablando con propiedad...
Me gustaría que algún presente pronunciara una opinión.
Recibió aplausos atronadores.
¡Muérdete la lengua!

Palabras Sensitivas

Las siguientes palabras físicas son el material con el que trabaja el Sensitivo. Ve dándole vueltas a las emociones hasta que dispongas de un agarradero al que asirte. Supera todos los obstáculos. Construye unos cimientos firmes en los que puedas basar tu contacto con el resto de la gente. Utiliza estas palabras concretas y enternecedoras que mueven a las personas Sensitivas, gracias a su sensibilidad para los sentimientos.

aferrar	desestabilizar	incisivo
agitar	desplazar	inmovilizado
aguantar	duro	insensible
ajetreo	echar	insoportable
alargar	echar una mano	intuición
aplaudir	emocional	ligero de cascos
apretar	empujar	llevadero
arder	enfrentarse a	mover
asidero	esforzarse	movimiento
atacar	establecer contacto	palpar
atrapar	estirar	paralizado
base	estocada	perturbar
caliente	estremecer	poner de relieve
chocante	estructurar	presión
cimientos	explorar	punzada
clavar	expulsar	romper
coger	firme	sensible
colocar	flujo	sentir
concreto	frío	sólido
conectar	hacer hincapié	soportar
congelar	helar	sostener
desenredar	herir	suave

sujetar	tacto	tibio
superficial	tensión	tocar

DISCURSO SENSITIVO

¿Cómo te sientes?
Cuidado con los tropiezos.
Sigo en contacto con ella.
Su teoría presenta ciertas grietas.
Estoy agitado.
No te sigo.
Pongamos las cosas en orden.
Me cae muy bien.
Tendremos que tirar de la manta.
Se está enfrentando con este problema.
Superar.
No puedo soportar la presión.
Ha representado un buen golpe.
Mantenme al corriente.
No puedo señalar un factor en especial.
Llévame otra vez a la feria.
Me sentía tranquilo, frío y sosegado.
Exploremos las posibilidades.
Me pongo en tus manos.

Pistas oculares

A lo largo de los años, he hecho fotografías para más portadas de revistas de moda, con más modelos y en más países de los que puedo recordar, y con frecuencia, el idioma materno de las modelos no era el inglés. Cuando lo único que tienes para trabajar es una cara, un cuello y unos hombros (y, desde luego, el extraordinario talento de los peluqueros, maquilladores y estilistas), pronto te das cuenta de que, además de sutiles inclinaciones y ladeos, gran parte de la capacidad de insinuación que sugiere este tipo de fotografía procede de la expresión facial, en concreto de los ojos y de la boca. Cuando quieres que una modelo sonría, no le digas que sonría. Debes hacer que sonría.

Para iniciar los movimientos oculares, existen ciertas palabras codificadas que parecen funcionar en cualquier lenguaje. Si quieres que una persona mire hacia arriba y a un lado, basta con decirle: «Sueña, simplemente», y los ojos se van hacia arriba y hacia un lado u otro. Palabras como «secreto» o «teléfono» enviarán a los ojos de reojo hacia los oídos, y «triste», «romántico» o «meditabundo» normalmente provocarán que los ojos miren hacia abajo y hacia la derecha o la izquierda.

Una vez más, los creadores de la Programación Neurolingüística observaron estos fenómenos de los movimientos oculares y los codificaron en un desconcertante paradigma. Basándonos en sus hallazgos, podemos pensar que el globo ocular humano es un conmutador de seis posiciones que debe colocarse en una de ellas cuando busca información, y que cada posición activa un sentido, a veces para recordar, a veces para crear una respuesta.

Si le preguntas a un hombre que te diga el color de su camisa favorita, probablemente mirará hacia arriba a la izquierda mientras se imagina la camisa antes de darte la respuesta. Pregúntale a una mujer cómo es el tacto de la seda, y existen muchas posibilidades de que mire hacia abajo y a la derecha mientras recuerda el tacto de la seda en su mente. En otras palabras, cuando se formula una pregunta, a menudo la gente debe mirar a otra parte a fin de generar la respuesta. La razón es bien simple: están accediendo a sus sentidos.

No pierdas de vista tu objetivo. Baja el volumen del televisor durante una entrevista y mira cómo los ojos de los invitados buscan respuestas a las preguntas del entrevistador.

Antes de seguir leyendo, busca a alguien para preguntarle algo. Sin comunicar tu intención, mira a esta persona a los ojos y formula una pregunta poco específica, como por ejemplo: «¿Qué es lo que más te gustó de las vacaciones pasadas (o de tu cumpleaños, o del trabajo)?» Luego mira cómo los ojos de la persona se mueven rápidamente para obtener información. Ello te dará una idea bastante buena del modo en el que almacena y accede a la información, ya sean imágenes, sonidos o sentimientos. Las referencias consistentes a un sentido también constituyen una indicación de las preferencias sensoriales.

La gente que responde a este tipo de preguntas mirando hacia arriba a la izquierda o la derecha es muy posible que esté visualizando su respuesta. Si mira a la derecha o a la izquierda hacia sus oídos, probablemente rememora información sonora. Si mira hacia abajo a la izquierda, podría estar accediendo a sus sentimientos, mientras que abajo a la derecha indicaría algún tipo de diálogo interior. La investigación tiene una vi-

UN EJERCICIO PARA DISCERNIR LAS PREFERENCIAS:

BLOQUEAR LA MENTE

Desafía a un amigo a que te conteste a las siguientes preguntas sin mover los ojos. Dile que te mire directamente durante todo el rato y que mantenga sus globos oculares inmóviles por completo. Luego formula la primera pregunta:

«¿Te gusta la casa (o piso, o apartamento) en el que vives?»

Dependiendo si responde sí o no, formula la pregunta subsiguiente:

«Dime rápidamente seis cosas que te gustan (o que no te gustan) acerca del lugar donde vives.»

Tu amigo se quedará con la lengua pegada, o bien se verá a sí mismo batallando para pensar una respuesta. Buscar qué aspecto o qué tacto tienen las cosas, o cómo suenan, sin realizar movimientos oculares es casi imposible. Es como si te pidieran que te frotaras ambas manos mientras te estás agarrando a una rama para no caerte.

Los hipnotizadores saben que si pueden detener el movimiento de tus globos oculares, no serás capaz de pensar. También se puede acceder fácilmente a un estado meditativo de la misma manera, mirando fijamente un punto inmóvil con los ojos abiertos, o concentrando tu atención en un punto —tu frente, por ejemplo— con los ojos cerrados. Siempre que puedas mantener tu atención fija, detendrás tu diálogo interior y perderás el sentido del tiempo.

sión heterogénea acerca de la validez de estas pistas visuales de la Programación Neurolingüística, pero yo las encuentro bastante atinadas, y lo más importante es que conducen a un contacto visual activo e intencionado en el caso de mucha gente que, a menudo, es demasiado tímida para mirar a alguien directamente a los ojos sin sentirse incómoda.

Otro detalle significativo del que se debe ser consciente es que cuando miramos a la izquierda, estamos *recordando* información, mientras que si miramos a la derecha, la estamos *construyendo*.

Recuerda que cuando conversas con alguien, pueden estar produciéndose varias actividades mentales al mismo tiempo. Por ejemplo, un tipo pregunta a una joven: «¿Has visto la última película de Bruce Willis?» «Sí, la he visto», responde ella, fijándose en su mente e imaginándose a sí misma en la cola del cine mientras recuerda. Pero al mismo tiempo se está produciendo un diálogo en su interior: «Vaya tipejo más aburrido. ¿Lo estoy juzgando demasiado de prisa? No, es aburrido. ¿Cómo saldré de ésta?» Luego, él dice: «¿Salimos el sábado por la noche?» Después de buscarse una excusa, la joven dice: «Vaya, no puedo, tengo que, ejem, terminar un informe sin falta para el lunes por la mañana.» Y sus globos oculares se mueven hacia el otro lado mientras se construye una imagen de ella misma en la mesa de la cocina con su ordenador portátil.

¿Te parece algo confuso? Observa este diagrama:

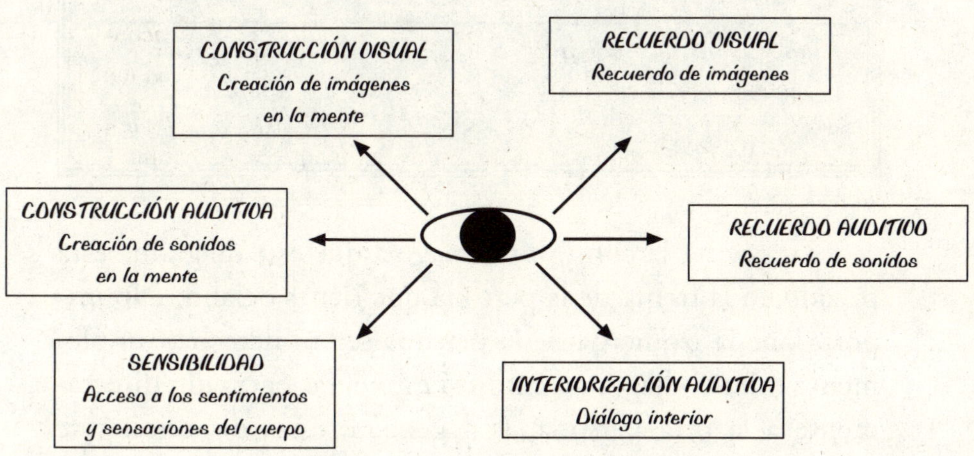

UN EJERCICIO DE PISTAS VISUALES:
LOS OJOS LO DICEN TODO

Utilizando el diagrama de la página 147 como guía, dibuja la posición de los globos oculares que esperarías encontrarte como respuesta a cada una de estas preguntas.

PREGUNTA	MOVIMIENTO OCULAR	SISTEMA
¿De qué color son los calcetines que llevas?		Recuerdo Visual
¿Qué aspecto tendrías con una chaqueta verde?		Construcción Visual
¿Puedes recordar como suena «Billie Jean» cantada por Michael Jackson?		Recuerdo Auditivo
¿Cómo sonaría si lo tocaran con gaita?		Construcción Auditiva
¿Qué tacto tiene la arena?		Sensibilidad
¿Qué te estás diciendo a ti mismo ahora?		Interiorización Auditiva (diálogo interior)

Para evitar la confusión, imagina que este diagrama está pegado en la frente de la persona que tienes delante. No importa que la izquierda de la persona sea tu derecha; simplemente mira el diagrama como si estuvieras encarado directamente a la otra persona. (En general, estas direcciones se

LAS MERECIDAS VACACIONES DE INGRID

Ingrid va a cumplir 40 años, y para su cumpleaños ha decidido regalarse unas vacaciones con todo incluido en Portugal. Está paseando por unas galerías comerciales de su barrio cuando descubre una agencia de viajes que no había visto nunca. Allí conoce a Sheldon, que lleva la oficina, y le cuenta sus excitantes proyectos.

«Siento que necesito irme, y mimarme a mí misma de una vez —le dice Ingrid a Sheldon mientras se sienta en una silla delante del escritorio. Alisa el regazo de su vestido y mira hacia abajo, a la derecha—. En el trabajo estoy sometida a tal presión que realmente necesito relajarme. —Después de suspirar, cruza una pierna sobre la otra, se inclina hacia delante y sacude la cabeza levemente—. La tensión en la oficina se me está comiendo viva.»

Sheldon está encantado. Frente a él se sienta una venta la mar de fácil. Se apoya sobre su silla, abre los brazos ampliamente y luego da una palmada repentina y sonríe a Ingrid.

«Pues vaya —dice—, tengo las vacaciones de ensueño que desea. —Mira por encima un montón de prospectos que se esparcen sobre el escritorio—. ¡Limítese a disfrutar de lo que va a ver!»

Le da a Ingrid un prospecto colorista, lleno de las típicas palmeras y los cielos de color azul intenso, y luego prosigue con el mismo tono sin esperar su reacción:

«Fantástico, ¿no? Fíjese en el color del agua, ¡un turquesa resplandeciente! Mire estas casitas tan monas con sus tejados de paja! ¿No puede imaginarse a sí misma en esta playa, tan amplia y tan blanca?» Sheldon mira hacia arriba y hacia su derecha, imaginando la vista.

Ingrid se desliza hacia atrás sobre la silla, mientras su corazón se ahoga. De alguna manera, a pesar de las bellísimas foto-

grafías del prospecto, a pesar de las apasionadas descripciones de Sheldon, Portugal parece más lejos que nunca.

¿Cuál es el problema?

Lo has adivinado. Ingrid entiende el mundo a través de sus sentimientos. Fíjate en sus palabras: «siente» que quiere «mimarse» a sí misma; desea «relajarse» para escapar de la «presión» y la «tensión» de su oficina. Su lenguaje, su entonación y sus gestos son reveladores. Mira hacia abajo, hacia sus sentimientos. Lo que cuenta más para Ingrid es sentir, tocar las cosas.

Si Sheldon hubiera estado atento a las pistas, la habría conducido delicadamente hacia un sentimiento de confianza, expectación y calidez. «De acuerdo, Ingrid —habría dicho—. Ya la sigo. Sé lo que me dice en cuanto a la presión, y tengo el lugar ideal para usted. En realidad yo mismo he estado allí. La arena es cálida y suave y, bueno, ¿qué decir de esas olas apacibles que rompen tranquilamente a su alrededor? Además, en estas casitas exclusivas, las camas son sorprendentemente confortables...» Habría accedido al mismo canal en el que Ingrid ha estado sintonizando durante las últimas cuatro décadas.

Sheldon debería haber tenido en cuenta los cuatro pasos del entendimiento planeado para «conectar» con su cliente: 1) adoptar una Actitud Realmente Positiva para conducirla hasta su objetivo; 2) sincronizar con el lenguaje corporal y el tono de voz de Ingrid durante la conversación; 3) emplear preguntas abiertas y practicar la escucha activa a las respuestas de Ingrid; y 4) detectar las preferencias sensoriales de su cliente durante la conversación.

aplican a las personas diestras, que representan un 90 % de la población.)

De forma incidental, estas acciones no coinciden con los movimientos que realizan tus globos oculares cuando observas una habitación o un paisaje, son totalmente independientes de las exigencias de la visión. Tus globos oculares pueden responder a dos propósitos: 1) contemplar a tu alrededor para ver qué pasa; 2) activar los canales de memoria sensorial.

Cuando empiezas a fijarte en las pistas visuales, te puede parecer que los ojos de las personas se mueven de forma azarosa. Sólo necesitas un poco de práctica para leer estos movimientos.

Diviértete, deja que pase con naturalidad y, por encima de todo, nunca le digas a nadie lo que estás haciendo. De otro modo, y sin lugar a dudas, la gente sería demasiado consciente de lo que hace y se confundiría. Guárdate estas habilidades para ti mismo.

Retrato robot

Las implicaciones de las pistas verbales y visuales que se han discutido en este capítulo son de vital importancia para quien quiera «conectar» con otros seres humanos y establecer un entendimiento planeado. Cuando aprendas a reconocer cada «tipo» o «grupo» al que pertenece una persona a la que acabas de conocer, serás capaz de comunicar con ella en una longitud de onda más apropiada, ya sea Visual, Auditiva o Sensitiva.

Por este camino, habrás avanzado varias horas —y a veces varios años— respecto al lugar en el que te encontrarías si no hubieras sabido cómo entender una preferencia sensorial individual.

Desarrollar un talento natural para detectar preferencias sensoriales significa prestar mucha atención a los demás, lo cual te convertirá ya de por sí en alguien más orientado hacia la gente.

En las próximas páginas encontrarás cuatro ejercicios escritos rápidos que te ayudarán a consolidar tu aprendizaje. Fotocopia estas páginas o simplemente escribe en el libro. Rellena lo que puedas sin recurrir a este capítulo o al capítulo anterior.

Los Auditivos querrán enfrentarse a estos ejercicios hablando, y decirse a sí mismos las respuestas, y los Visuales imaginarán en su cabeza las respuestas, pero éstas deben escribirse. Escribirlas te obligará a usar los tres sentidos, lo cual representa la manera más rápida de incorporar esta información en tu memoria y en tus habilidades vitales.

Cuando hayas rellenado todo lo que puedas, consulta las páginas anteriores para añadir lo necesario a tus respuestas.

Las anteriores «pistas» para discernir las preferencias sensoriales son generalizaciones, desde luego. Pero cuando varias de estas generalizaciones apuntan hacia la misma dirección, existen muchas posibilidades de que hayas descubierto cuál es la vía principal de percepción del mundo de una persona. Este descubrimiento puede constituir tu herramienta más efectiva a la hora de establecer entendimiento y conectar con los demás.

FÍSICAMENTE, ¿EN QUÉ SE DIFERENCIA SU ASPECTO?

Visual	Auditivo	Sensitivo

¿EN QUÉ SE DIFERENCIA EL SONIDO DE SU VOZ?

Visual	*Auditivo*	*Sensitivo*

¿EN QUÉ SE DIFERENCIAN EN LA MANERA DE VESTIR?

Visual	Auditivo	Sensitivo

¿QUÉ REGALOS LES COMPRARÍAS?

Visual	Auditivo	Sensitivo

10

Recapitulemos

La gente se siente atraída por los demás, y está ansiosa por conectar, es decir, por agradar.

Los comunicadores que suelen tener éxito no salen al mundo cada día cargados con sus habilidades y sus técnicas, sino que reaccionan según lo que les ofrece cada día.

La gente, las cosas y los sucesos de tu vida fluyen con facilidad si sabemos «soltarnos». Ésta es la diferencia entre quienes se esfuerzan y no consiguen nada y quienes aparentan hacer bien poco y lo tienen todo.

Cuanto más actues de acuerdo a lo que hayas aprendido en este libro, con menos esfuerzo podrás establecer entendimiento con los demás. Desde luego, debes practicar, pero pronto se convertirá en algo tan natural como montar en bicicleta o nadar (que por cierto son dos habilidades que también asimilaste el día que dejaste de preocuparte y actuaste con la fe necesaria).

Este libro trata de la forma de conectar con tu fuente de estímulos más importante: los demás. Trata de establecer entendimiento, un vínculo instantáneo con ellos mientras conectáis mentalmente. Ya has visto que el entendimiento es el vínculo entre acabar de conocer a alguien y comunicar, y que la calidad y la profundidad del entendimiento que establezcas puede afectar al desenlace. El entendimiento puede ser natural o planeado.

Nos hemos fijado en el significado de la comunicación en relación a la respuesta que obtienes, y de cómo, para que la comunicación se resuelva tal como se ha deseado, nuestro querido SIC (nuestro «tal cual») puede ser de gran utilidad. De hecho, ello sucede no sólo en la comunicación, sino en todos los aspectos de tu vida en los que quieras obtener un resultado positivo.

La plantilla básica para saludar a alguien a quien acabas de conocer es: Ábrete - Mira - Sé radiante - «¡Hola!» - Inclínate. Serás el primero en lenguaje corporal, contacto visual, sonrisa y saludo verbal, y la inclinación te prepara para empezar a sincronizar. Puedes acordarte de que cuando apuntas tu corazón hacia otra persona, transmites tu franqueza.

Puedes elegir tu actitud. Una Actitud Realmente Positiva es ideal en relación a la percepción que los otros tienen de ti y a tu propio modo de sentirte. Ya sabes que tu actitud sostiene tu congruencia, tu credibilidad, de acuerdo con las tres «V» de la comunicación. En otras palabras, cuando te presentas con una Actitud Realmente *Negativa*, como el enfado, se te ve enfadado, suenas enfadado y utilizas palabras que denotan enfado, en definitiva, aspectos bien desagradables. En cambio, es fácil caer bien cuando adoptas una Actitud Realmente *Positiva*, es decir franca, porque se te verá franco, sonarás franco y usarás palabras francas.

Hemos hablado del lenguaje corporal, abierto y cerrado, y hemos visto que, junto a las expresiones faciales y los gestos, influye en un 55% en la percepción que los demás tienen de nosotros. Por este motivo es tan provechoso sincronizar para establecer un entendimiento planeado.

Cuando decimos «Me gustas» a alguien, lo que queremos decir, realmente, es «Soy como tú». En el entendimiento planeado, no esperamos con optimismo para ver si tenemos algo en común, sino que vamos directamente a sincronizar con el lenguaje corporal, el tono de voz y las palabras de la persona con la que hablamos. Sabemos que, inconscientemente, hemos estado sincronizando respuestas emocionales durante toda la vida, procedentes de las personas que nos han influido —padres, cónyuges, maestros, etc.—, y por consiguiente es fácil y natural sincronizar con los demás para que se sientan cómodos con nosotros.

A la hora de hablar con una persona a la que acabamos de conocer, hemos visto que las preguntas son los generadores de conversación, y que pueden dividirse en dos categorías: abiertas y cerradas. Las preguntas abiertas abren a la gente, y éste es el objetivo de la conversación. Sabes que si proporcionas información emocional y verbal, «mantendrás la bola en juego». Conversar significa describir tus experiencias a los demás, y cuanto más coloristas sean tus explicaciones, cuanto más fácil te resulte «hablar en color», menos les costará imaginar y compartir tus experiencias y, en consecuencia, incrementar el vínculo y el entendimiento planeado que estás creando.

Para tu sorpresa y tu placer, has aprendido que cada persona a la que conoces (sea o no por primera vez) se te presenta como un rompecabezas sensorial. ¿Prefieren conectar en una longitud de onda Visual, Auditiva o Sensitiva? Has comenzado a desarrollar una perspicacia acerca de sus percepciones del mundo que los rodea.

De hecho, incluso si has empezado a aplicar las técnicas de este libro y lo has hecho de forma incorrecta, ¡en realidad sigues actuando como es debido! Estás siendo activo con la gente, por oposición a reactivo o pasivo. No existe posibilidad de retroceso; no puedes perder. Si observas minuciosamente el lenguaje corporal y las expresiones de la gente, si escuchas sus palabras, si te fijas en sus movimientos oculares, si proporcionas respuestas de retorno y estableces conversación, estás siendo activo, y no puedes dejar de caerles bien. Siempre que adoptes una Actitud Realmente Positiva.

¿Por dónde empiezo?

Permíteme que te repita que no se trata de una nueva manera de ser, ni de una nueva manera de vivir. No te he dado una varita mágica para que corras a la calle con ella y empieces a dar golpecitos a la gente en la cabeza hasta que les caigas bien. Se trata de herramientas y técnicas que te ayudan a establecer rápidamente un buen entendimiento.

Nos hemos ocupado de las cuatro áreas básicas que permitirán que le caigas bien a la gente en 90 segundos como máximo: actitud, sincronía, conversación y preferencias sensoriales. Perfeccionar cada una de estas áreas incrementará tu habilidad para comunicarte con efectividad y rapidez con los demás. Cuando aprendas a incorporar estos cuatro pasos en tus encuentros cara a cara, los efectos serán mucho más evidentes.

Tú ya sabes por qué conectas de forma natural con ciertas personas y no con otras, y desde que has empezado el libro, probablemente has empezado a mejorar tus relaciones en casa y en el trabajo. Te acercas a la gente con mayor confianza y sinceridad y disfrutas de cada nueva experiencia. Y te has dado cuenta de que posees la mayor parte de las habilidades necesarias para establecer conexiones naturales con los demás.

Cuanto más uses las numerosas herramientas que hemos ido compartiendo a lo largo de este libro —desde la imagen que proyectas con una Actitud Realmente Positiva hasta la sinceridad y el carisma que transmites con tu saludo, pasando por la comodidad y la empatía generada por la sincronía y la habilidad para reconocer en qué sentido confía más una persona— más capaz serás de establecer entendimiento con facilidad y de lograr caer bien a la gente en 90 segundos como máximo.

Si tuviera que asignar una prioridad a uno de estos cuatro aspectos, la Actitud Realmente Positiva es la herramienta más poderosa a la hora de generar buenos sentimientos en ti mismo y en los demás. La actitud es contagiosa y evidente, y te precede. Tu actitud lleva consigo la coherencia de tu lenguaje corporal, tu tono de voz y las palabras que empleas. Notarás una mejora inmediata en tus habilidades relacionales tan pronto como comiences a administrar tu actitud. En la otra cara de la moneda, si no la manejas de forma adecuada, tu actitud funcionará contra ti, con toda seguridad. La actitud puede atraer o repeler.

Seguidamente, sin duda, se encuentra el sorprendente poder de la sincronía. Como ya has visto, la sincronía forma parte de nuestro bagaje natural, y consiste en lo que ya hacemos de manera inconsciente con la gente que nos gusta. Cuando conoces a alguien y deseas establecer un entendimiento rápido, empieza a sincronizar de inmediato. Al principio te parecerá extraño, a menos que realices el ejercicio de sincronía en grupos de tres (véanse las páginas 87 y 88), en cuyo caso te preguntarás cómo te las has podido arreglar hasta ahora. Dos o tres días bastan para llegar a ser un experto, incluso brillante, en este aspecto. Después de todo, lo has estado haciendo toda tu vida, de una forma o de otra, con la gente que sientes más cerca de ti.

A medida que tus habilidades de conversador se perfeccionen y alientes a la otra persona para que se suelte a la hora de hablar, comprobarás que dispones de tiempo para realizar observaciones acerca de las preferencias sensoriales. Deja que esta mejora se produzca tranquilamente. ¿Te acuerdas de aquellos libros llamados «Ojo mágico», que se pusieron de moda a principios de la década de 1990? Contemplabas fijamente una imagen extraña y, lentamente, a la larga, tus ojos se volvían a enfocar y veías una imagen en 3-D. El descubrimiento de las preferencias sensoriales se produce de la misma manera. Vas mirando, vas buscando, y te sientes frustrado, y luego de repente vuelves a enfocar a la gente y ésta comienza a tener un aspecto diferente a medida que vas estableciendo un entendimiento elegante y profundo a nivel inconsciente, donde se consigue la verdadera unidad. El despliegue y la detección de las preferencias sensoriales de una persona en particular prosigue después de los 90 segundos y te proporciona el vehículo para viajar mucho más allá en el entendimiento planeado con dicha persona, que pasa a ser tu nueva gran fuente de intercambios de todo tipo.

Por ejemplo, asistes a una conferencia y acabas de conocer a Sylvie Clairoux, la jefa del departamento en el que te gustaría trabajar. La conexión es suave, cálida, sincera y respetuosa; tu Actitud Realmente Positiva y tu franqueza propician un «saludo» perfecto. Aunque hay siete personas en la reunión, tú sincronizas con sus movimientos corporales pero sin establecer un contacto visual excesivo. Su subconsciente lo detecta. Se produce un contacto visual casual, ella sonríe educadamente, tú le devuelves la sonrisa: ¡BINGO! Lo estabas practicando a diario, y te habías dado cuenta fácilmente, por su forma de vestir, su tono de voz, la elección de sus palabras y sus movimientos oculares de que probablemente era Auditiva. Cuando hablas, sincronizas con su tono de voz y empleas palabras Auditivas («¡Esto suena de maravilla!»... «Cada uno de nosotros ha pronunciado una opinión»). ¿Acaso puede desagradarle este extraño que parece, suena y se mueve casi casi como ella? Durante un descanso, te la llevas aparte un momento.

«Me gustaría escuchar algo más acerca de la proposición», empiezas.

«¿Nos conocíamos?», pregunta la señora Clairoux.

«¡Me parece que le gustas!», susurra tu vocecita interior.

Asumir el entendimiento

Mientras escribo este libro, presumo, querido lector, que me caes bien. Asumo que te necesito, y que tú me necesitas a mí. Es más, presumo que tengo razón. Esta idea me da confianza para seguir escribiendo. Nos necesitamos el uno al otro; ésta es la base real para nuestro entendimiento. Y ahora estamos conectando.

Podemos dominar el poder de la imaginación para establecer presunciones o asunciones positivas. Recibimos tanta información de nuestros cinco sentidos que posiblemente no podemos procesarla conscientemente en su totalidad. En lugar de ello, la clasificamos en tres lotes separados. La mayor parte de la información la *borramos* de nuestra consciencia. Por ejemplo, no eras consciente de tu pie izquierdo hasta que yo te llamé la atención acerca de él, y probablemente no te habías dado cuenta de cómo te habían crecido las uñas. El segundo lote lo *distorsionamos*; lo dejamos penetrar en la imaginación y empezamos a jugar con él, imaginando las próximas vacaciones, volviéndonos paranoicos con la batería del detector de humos... en definitiva, este tipo de cosas. Y el tercer lote lo almacenamos bajo el clasificador titulado *generalizaciones*, o presunciones. Cuando has visto una sartén, puedes hacer una presunción de que la gran cosa metálica que tu vecino ha posado en el hornillo, con un mango largo y las *crêpes* chisporroteando dentro es una sartén; no tienes por qué ponerte a pensar continuamente para saber lo que es. Tu cerebro realiza una presunción por generalización. Por un lado, las presunciones son estupendas para aprender, pero por el otro llevan a formularse fantasías parciales, sesgadas, limitadas y peligrosas. Si tu imaginación ha estado distorsionando la información y ha logrado que la gente te asuste, todo lo que pido es que entiendas que tu imaginación te está embaucando, te está llevando a realizar presunciones negativas acerca de la gente, basadas en experiencias pasadas. En este caso, tu imaginación está mandando en el partido, y el marcador es: Imaginación 1 - Tú 0.

Mantén a tu imaginación bajo control. Contémplala como el formidable vehículo que es, y empléala para implantar ciertas Presunciones Realmente Positivas. He aquí unas pocas asunciones para empezar a actuar. Después de leerlas, cierra los ojos y mira qué aspecto tienen, cómo suenan y qué sensación te dan:

Asume el entendimiento y la confianza entre tú y los demás.

Asume/confía que les caerás bien y que te caerán bien.

Asume que lo que harás con los demás —conectar, sincronizar, etc.— funcionará.

Asume que los demás te concederán el beneficio de la duda, y que tú harás lo mismo con ellos.

Asume que lo que has aprendido en este libro funcionará contigo porque ha funcionado para miles de personas.

Asume que estás introduciendo un nuevo factor en la vida de los individuos a los que vas conociendo.

Asume que este nuevo factor es positivo, no sólo para sus vidas, sino también para tu comunidad en conjunto.

Asume que una comunidad conectada es un lugar en el

que nos alentamos, elevamos y estimulamos los unos a los otros.

La gente que se relaciona vive más tiempo; la gente que se relaciona consigue la cooperación de los demás; y la gente que se relaciona se siente segura y fuerte. La gente que se relaciona, evoluciona. Juntos nos encumbramos y caemos, juntos triunfamos o abandonamos la lucha, juntos reímos y lloramos. Al fin y al cabo, es la gente la que logra que los malos tiempos sean soportables y los buenos sean mucho, mucho más dulces.

Una parábola de hoy en día

Recientemente he estado impartiendo un buen número de conferencias a estudiantes universitarios. Muchos de ellos desean un empleo parcial o de verano, y necesitan agudizar sus habilidades laborales y relacionales. Nunca me olvidaré de un estudiante en particular, que interrumpió malhumorado mi charla.

«Escucha, he ido a un montón de entrevistas de trabajo y nunca me contratan —se quejó—. Lo he intentado en una tienda de comestibles, una farmacia, una oficina...»

Los estudiantes que estaban a su alrededor comenzaron a reírse en voz baja. La razón resultaba bastante clara. El joven vestía pantalones del ejército raídos y una camiseta con la palabra «Rancid» estampada en el pecho (el nombre de un grupo de *thrash-punk*). En la oreja izquierda llevaba tres pendientes, y lucía otro en la nariz. Pero esto no era todo, pues lucía una cresta de color verde brillante, que sobresalía quince centímetros de su cabeza, que por cierto llevaba rapada.

«¿Qué quieres?», le pregunté.

«Un empleo, ¿es que no te enteras?»

«¿Has pensado en cambiar tus hábitos para conseguirlo?»

Me miró con ferocidad, con los brazos fuertemente apretados sobre su pecho. «¿Cambiar qué?»

«¿Qué te parece tu aspecto?», pregunté, inclinándome hacia delante.

«¡Ni hablar, tío! —gritó—. ¡Si no les gusta mi aspecto, están cometiendo discriminación!»

«Mira, ya veo lo que quieres decir —dije (era una persona Visual)—. Pero ambos sabemos cómo funciona el mundo. Así que, ¿qué es lo que quieres? ¿El empleo o el peinado?»

Se hizo un largo silencio. Finalmente relajó los brazos y giró sus globos oculares hacia arriba. «Supongo que el empleo», murmuró. Varios estudiantes rieron con buena fe. Lentamente, él mismo comenzó a reír. Luego, todos nos reímos. No se trata más que de eso.

Acerca del autor

Nicholas Boothman, antiguo fotógrafo de moda y publicidad, de renombre internacional, se dio cuenta de que su trabajo para clientes como AT&T y Revlon dependía de su capacidad para establecer entendimiento con sus sujetos. Y entonces tomó la determinación de profundizar en cómo la gente conecta entre sí, colgó sus cámaras y se diplomó como Experto en Programación Neurolingüística. Actualmente comparte sus hallazgos con público de tres continentes, realizando charlas, organizando seminarios y suministrando a sus oyentes herramientas concretas de comunicación. Cuando no se encuentra viajando, vive en Canadá con su esposa Wendy y sus cinco hijos. Su página web es www.nicholasboothman.com.

Agradecimientos

¡Vaya ración de sincronía! Kerry Nowensky, una de mis grandes amistades, que me ordenó: «¡Escríbelo! ¡Hazlo ya!» Mi ángel de la guarda, Dorothea Helms, que dijo: «Ha llegado la hora de buscarte un buen agente.» Mi increíble agente Sheree Bykofsky, que me bombardeó con su apoyo y dedicación. El carismático editor Peter Workman, que se entregó con todos los sentidos para que el libro viera la luz, y que sabe rodearse de los mejores talentos que se puedan encontrar. Y cuando uno cree que ya lo ha visto y oído todo, aparece la sorprendente Sally Kovalchick, que se lo lleva a uno por delante con su habilidad para inhalar un manuscrito y exhalar un libro terminado.

A todos os ofrezco mi reconocimiento más sincero. Sois pruebas vivientes de que el resto de la gente constituye nuestro recurso más importante.